Comment écrire des règles qui donnent envie d'être suivies

3e édition

Un guide pour rédiger
des politiques et
des directives
respectueuses

Lewis S. Eisen

Traduit et adapté par
Antonina Tarantino

*pixley
press*

INFORMATIONS SUR LES DROITS D'AUTEUR

CATALOGAGE AVANT PUBLICATION

Eisen, Lewis S., 1957–
    Écrire des règles qui donnent envie d'être suivies, 3e édition

Tarantino, Antonina, 1972–
    Écrire des règles qui donnent envie d'être suivies, 3e édition

978-1-988749-10-5 Livre de poche
978-1-988749-11-2 ePub

1. Commerce et économie — communications commerciales/général. 2. Commerce et économie — rédaction commerciale. 3. Commerce et économie — leadership. 4. Droit — Rédaction juridique.

DÉDICACE

À John Byers, un policier qui m'a appris que même dans des situations de contrôle unilatéral, le pouvoir dominant peut encore donner des ordres respectueusement.

« La courtoisie, que l'on croit très à tort désuète et superflue, est l'une des plus jolies manifestations de la civilisation ».

~ Lionelle Nugon-Baudon,
dite Andrea H. Japp, *Une ombre plus pâle*, 2009

SOMMAIRE

PRÉFACE DE L'AUTEUR

Au départ, je n'avais pas réalisé que le fait de « réviser les politiques pour qu'elles aient l'air respectueuses » aurait suscité tellement d'intérêt auprès de tant de personnes.

Depuis la première édition de ce livre, publiée en 2017, j'ai vu cette idée se répandre. Une approche plus courtoise à l'écriture de règles a été adoptée par des groupes de rédaction de politiques dans une grande variété d'organisations : entreprises, gouvernements et associations à but non lucratif, dans des pays comme les États-Unis, le Canada, le Royaume-Uni et l'Australie.

En 2019, le livre est devenu un best-seller international sur Amazon dans de nombreuses catégories, notamment la rédaction dans le milieu des affaires, la communication d'entreprise, les références du commerce, ainsi que les ressources humaines et la gestion du personnel.

Vous noterez que je collectionne des exemples réels à des fins d'illustration. Je suis toujours à l'affût de copies de règlements intérieurs mal rédigées et d'affiches grossières ; ils constituent d'excellents exemples à des fins pédagogiques. D'ailleurs, si vous tombez un jour sur quelque chose de particulièrement intéressant, n'hésitez pas à l'envoyer sur ma boîte mail : <leisen@pfx.ca>.

Les réussites font aussi de belles histoires, et j'aime en entendre parler. Si ce que vous lisez dans ce livre vous amène à modifier l'un de vos documents de politique existants, n'hésitez pas à m'envoyer des copies « avant » et « après » modification.

Comme pour toutes mes précédentes publications, je m'entoure d'autres personnes qui me conseillent pour faire en sorte que mon texte soit clair. Mes remerciements à Fern Lebo, auteure de nombreux ouvrages sur une variété impressionnante de sujets, pour son inestimable contribution à la rédaction et pour ses retours sur les deux premières parutions en langue anglaise. Mes remerciements également à Jeff Whited, Brenda Platt, Shari de « PrestigeProofreading.ca » et Joyce Eisen. Leurs suggestions ont contribué à donner au texte son aspect actuel.

Je dois une dette énorme à Antonina Tarantino quant à cette version française. Elle a travaillé sans relâche pendant ces derniers mois afin de respecter la cohérence et l'authenticité de la version anglaise. À maintes reprises elle a passé un temps considérable à chercher la bonne expression correspondante en français, ou le mot juste pour améliorer le texte. Je souhaite la remercier pour son professionnalisme et ses efforts. Collaborer avec elle sur ce projet a été un plaisir. Je suis très fier du résultat final et de l'aboutissement de son travail.

PRÉFACE DE L'ÉDITION FRANÇAISE

Je souhaite, tout d'abord, remercier Lewis pour m'avoir permis de me surpasser lors de ce challenge linguistique. Cela a été un plaisir de pouvoir collaborer avec lui afin que cette édition puisse voir le jour et exprimer au mieux toutes les nuances et significations de la version originale en langue anglaise.

Ayant moi-même travaillé dans le monde des affaires en tant qu'agent immobilier et cela pendant de nombreuses années, je connais cet environnement et l'importance du respect du client mais aussi de ses collaborateurs. En effet, cela contribue à l'accroissement du sens d'appartenance et à la valorisation des employés en tant qu'individu. Dans des métiers compétitifs comme celui de l'immobilier où le personnel est souvent sous pression, le respect et la valorisation jouent un rôle majeur sur la motivation et l'engagement.

Toute la difficulté à adapter ce texte réside dans l'approche différente du sujet entre ces deux langues. En effet, celle anglaise est plutôt pragmatique et concrète tandis que celle française cherche davantage de formes abstraites et générales. Cela a d'ailleurs été remarqué par des linguistes de tous temps. Par exemple, Vinay et Dalbernet, des spécialistes dans la traduction franco-anglaise, soulignent que : « D'une façon générale les mots français se situent généralement à un niveau d'abstraction supérieur à celui des mots anglais correspondants. Ils s'embarrassent moins des détails de la réalité » (1969 :59).

Dans un tel contexte, le plus grand défi a été donc de trouver un terrain d'entente entre la richesse en image et le côté concret de la langue anglaise exprimés dans le texte original et sa traduction dans une langue basée plutôt sur l'abstrait et l'entendement telle que le français.

Une attention particulière a été apportée dans cet ouvrage aux métaphores souvent utilisées comme moyen pour expliciter certaines thématiques. Néanmoins, Il n'est pas simple de rendre le sens d'une métaphore dans une autre langue sans en perdre parfois la poésie du texte. Afin de garder toute son authenticité, nous avons décidé de ne pas omettre certaines images en rendant à la traduction un sens plus général, comme il est très souvent le cas lors de la traduction d'un texte en anglais. En effet, un bon traducteur doit veiller à rendre le message et non les mots, il lui faut évaluer la pertinence d'une phrase ou d'un paragraphe imagé car le texte se doit d'être compréhensible par le destinataire, dans ce cas, un francophone. Et sa compréhension passe généralement par le plan de l'entendement et non pas par le plan du réel.

Dans la version française de ce livre nous avons fait le choix de garder la plupart des métaphores tout en les adaptant aux lecteurs francophones. Cela a permis de réaliser un manuel qui garde l'authenticité de son ton haut en couleurs et participe certainement à une approche plus pragmatique et concrète de sujets parfois méconnus.

En outre, Je souhaite souligner que certaines formes verbales ont été utilisées pour définir des concepts. Cela doit s'entendre comme la création de néologismes dans cet ouvrage dont le seul but est celui d'en simplifier sa compréhension.

J'espère que vous apprécierez son contenu dans son ensemble et que vous prendrez du plaisir à le lire !

~ Antonina Tarantino

AVANT-PROPOS

par Carol Ring, PDG de la FCPA   CEO, Culture Connection
www.carolring.ca
Reconnue être l'une des 100 femmes
les plus influentes du Canada

Depuis plus de 35 ans, j'ai été animée par la création d'équipes hautement performantes. Je considère ces équipes non seulement comme un moyen pour nos entreprises de réussir, mais aussi comme une manière pour chacun de libérer tout son potentiel.

En tant que spécialiste de la transformation de la culture d'entreprise, je suis toujours à la recherche d'experts capables de participer à la création de lieux de travail qui aident les personnes à donner le meilleur d'eux même. Et c'est ainsi que Lewis Eisen est entré dans ma vie.

Nous nous sommes rencontrés au Starbucks du coin. J'étais curieuse de connaître le travail de Lewis dans le monde des règles écrites. Nombreux sont ceux qui pensent que la culture se résume aux comportements des dirigeants et à leur façon de donner un ton à l'organisation. Cependant, le ton peut également être donné par notre environnement physique au travail, nos programmes de récompense et de reconnaissance, et surtout par les communications écrites internes.

Je me souviens quand je suis allée à Sudbury pour la présentation d'un discours liminaire. Je suis arrivée la veille, je me suis enregistrée à la réception de mon hôtel et j'ai rapidement déposé mes bagages dans la chambre. J'étais affamée et j'avais hâte d'aller de l'autre côté de la rue pour manger un morceau et boire un verre de vin.

En descendant les escaliers, je suis tombée sur un panneau intéressant :

> # NE LAISSEZ RIEN DANS CETTE SALLE !
> ## Y COMPRIS LES ORDURES
>
> ## IL S'AGIT D'UNE SORTIE DE SECOURS

Oui, c'était écrit en majuscules.

Je me suis demandée, en regardant cette « règle », si elle était destinée au personnel ou à la clientèle de l'hôtel ? Qu'est-ce que les gens pouvaient bien laisser dans la cage d'escalier pour provoquer une telle réaction ? Dans quel type d'hôtel me trouvais-je ?

J'ai tout de suite pensé à Lewis et au fait que cette entreprise aurait vraiment eu besoin de son aide.

Écrire des règles qui donnent envie d'être suivies n'est pas seulement un guide technique sur la façon de structurer vos politiques, procédures ou directives. Il a un sens bien plus profond que cela. Dans ce livre, vous arriverez à comprendre l'objectif réel de la règle que vous essayez de créer et la meilleure façon d'atteindre ce résultat. Après tout, cela ne sert à rien d'écrire une règle que personne ne suit.

Le style de management directif a presque complètement disparu. Ce n'est plus une façon efficace de diriger. Mais votre communication écrite a-t-elle également évolué ? Comme le dit Lewis, « les règles qui donnent l'impression d'avoir été écrites par des parents en colère qui réprimandent leurs vilains enfants ne sont plus appropriées. »

J'adore cette phrase ! Il n'y a pas de quoi être fier d'avoir un règlement intérieur d'entreprise bien épais. Un de mes employeurs dans le passé avait un règlement intérieur qui comprenait 3 classeurs ! Pas étonnant que nous ne sachions pas ce que nous devions faire. Qui avait le temps de lire et d'intérioriser toutes ces informations ?

Je recommande régulièrement ce livre à mes clients comme partie intégrante de notre travail visant à aligner les nombreux aspects de leurs organisations. Seulement grâce à l'alignement, une culture peut devenir grande. Votre objectif, votre stratégie, la promesse de votre marque et votre culture d'entreprise doivent tous être cohérents. Vos règles doivent l'être aussi.

Ce livre traite de la manière de rédiger de meilleures règles. Mais il s'agit surtout de créer de meilleurs lieux de travail pour que chaque individu puisse donner le meilleur de lui-même. Préparez-vous à montrer la différence aux membres de votre organisation !

Septembre 2020

INTRODUCTION

Quand j'étais un petit garçon, chaque soir, je m'asseyais avec ma famille autour de la table pour le dîner. Mes parents avaient une règle de base : « si tu ne manges pas le plat principal, y compris les légumes, tu n'auras pas de dessert. » Vous avez peut-être grandi avec le même type de règle.

Nos parents et nos enseignants nous ont inculqué tellement de règles au fil du temps que nous les remarquons à peine lorsque nous entrons dans le monde des affaires.

Dans les entreprises, on établit beaucoup de règles. Ces dernières sont rédigées pour les employés, pour les clients et pour les visiteurs. Elles peuvent être dénommées autrement : « politiques », « normes » ou « conditions générales », mais il s'agit tout de même de règles que les autres doivent suivre. Elles sont omniprésentes.

Bien que certaines personnes n'apprécient pas qu'on leur impose de règles dans certains cas, les règles sont et resteront une réalité de la vie. Nous en avons besoin pour maintenir une société civile. Sans règles, nous nous heurterions constamment les uns aux autres, tant au sens propre, sur les autoroutes, qu'au sens figuré, lorsque nous essayons tous de parler en même temps dans une réunion.

Crier des ordres

Le problème est que trop de règles organisationnelles semblent agressives et conflictuelles. Regardez les exemples du panneau 1.

Panneau 1

Il est interdit aux visiteurs[1] d'entrer dans la zone de service.

Les retours de marchandises ne sont pas acceptés. Les clients doivent vérifier soigneusement toutes leurs marchandises avant de quitter le magasin.

Toute conversation bruyante n'est pas tolérée.

Entendez-vous le ton utilisé dans ces déclarations ? Elles ressemblent plus à des ordres militaires qu'à des règles. Le ton n'est pas seulement affirmatif, il est carrément autoritaire.

Si ce ton ne vous dérange pas, c'est uniquement parce que vous êtes habitué à l'entendre. Il y a tellement de personnes qui formulent des règles comme si c'était un ordre impérial que nous n'accordons souvent aucune importance au ton de la voix.

Mais pourquoi ? Pourquoi ce besoin de mettre quelqu'un sur la défensive ? Après tout, ces règles sont écrites pour des adultes et non pas pour des enfants. Pourquoi la formulation de la règle n'en tient-elle pas compte ? Nous sommes sur un lieu de travail et certainement pas dans une

---

[1] Dans ce livre, l'emploi du masculin n'a d'autre fin que celle d'alléger le texte.

cour de récréation. Pourquoi les règles donnent l'impression d'être des parents ou des enseignants en colère qui grondent les vilains enfants ?

Malheureusement, la réponse la plus courante est « parce que cela a toujours été ainsi. » Cette réponse est donnée par tout type d'organisation, qu'elle soit à but lucratif ou non, publique ou privée, grande ou petite.

La vérité est que les politiques et les règles n'ont pas besoin de nous prendre de haut. En les formulant correctement, elles peuvent être ressenties comme si un adulte s'adresse à un autre avec respect et courtoisie.

L'origine de cette formulation

Comment en est-on arrivé là ? Comment en sommes-nous arrivés à avoir autant de règles qui paraissent si dures ?

En fait, ce n'est pas difficile à comprendre. Nous avons été élevés en apprenant les règles de nos parents, de nos enseignants et des autres personnes qui s'occupaient de nous. C'était leur manière de nous parler.

Malheureusement, en grandissant, ce que nous avons retenu sur la formulation des règles, c'est qu'elles devaient avoir l'air dictatorial. Cette approche visait vraisemblablement à renforcer le fait que les créateurs des règles avaient une obligation et qu'ils prenaient au sérieux ce qu'ils demandaient.

Les règles étaient généralement exprimées par une formule classique :

Si vous faites A, attendez-vous à B

où A représente une mauvaise action et B représente la menace de punition.

La règle du dessert de mes parents à l'heure du dîner utilise cette formule : si tu ne manges pas tes légumes, tu n'auras pas de dessert. Une mauvaise action entraîne une mauvaise conséquence. Si tu évites de faire quelque chose de mauvais, tu évites des mauvaises conséquences.

Réévaluer cette formule

Nous n'étions peut-être pas en mesure de le comprendre cela à l'époque, mais maintenant que nous ne sommes plus des enfants, nous avons suffisamment de recul pour remettre la situation dans son contexte.

La discipline de nos parents et de nos enseignants mettait en évidence la manière dont les adultes responsables établissent des règles pour les enfants. **Cela ne s'appliquait pas à la rédaction de règles par des adultes pour des adultes.** Formuler des règles pour d'autres adultes demande d'autres compétences

Malheureusement, de nombreux professionnels qui élaborent des règles pour d'autres adultes n'apprennent pas ces compétences en priorité. Par conséquent, nous voyons trop souvent des règles qui stipulent « Vous devez toujours faire ceci », « Nous ne tolérons pas cela » et « Aucune exception ne sera faite ». Lorsque ces mots résonnent dans votre tête, vous pouvez presque avoir l'impression d'être pointé du doigt.

Mais ce ton arrogant est-il vraiment voulu ?

En réalité, dans la plupart des cas, l'agressivité du langage n'est pas délibérée. Les règlements se veulent stricts, mais pas grossiers ou irrespectueux. Les autorités n'ont pas réalisé qu'ils pouvaient donner l'impression de montrer du doigt leurs employés ou leurs clients.

Dans les faits, ceux qui rédigent les règles sont tellement occupées à prêter attention au contenu qu'ils oublient de tenir compte du ton utilisé. Celui-ci disparaît complètement de la scène.

Les répercussions

Le fait de dicter des règles sur le ton « je suis responsable et vous allez m'obéir » peut paraitre approprié ou non pour les enfants. (Je ne rentrerai pas dans ce débat ; ce n'est pas mon domaine d'expertise).

Cependant, ce que je sais, c'est que **pour les adultes qui nous entourent, ce ton est irrespectueux, et ce manque de respect**, même s'il n'est entendu qu'inconsciemment, crée de l'énervement et provoque du ressentiment.

Se conformer aux règles dépend de la coopération entre les personnes. Mais nous ne pouvons pas prétendre au succès si cette « coopération » est basée uniquement sur des menaces. **Nous voulons que les autres suivent nos règles volontairement**, au mieux, de plein gré, au pire, à contrecœur. Dans les deux cas, nous n'arriverons à rien si nous suscitons leur hostilité.

Si vous voulez que vos employés adhèrent à vos initiatives et vous accompagnent dans vos changements, ils doivent avoir envie de vous soutenir. Les employés qui ont l'impression qu'on leur parle de manière irrespectueuse ne réagissent pas bien. Des politiques trop agressives ou dictatoriales entraînent une perte d'engagement de la part des employés. Cela se traduit par un manque de respect et une forte rotation du personnel.

La réaction est encore plus prononcée chez les clients ; ils ne vont pas du tout le tolérer. Si vos clients n'aiment pas la façon dont vous leur parlez, ils vont se détourner de vous et ne reviendront jamais.

Au final, la rotation du personnel et l'insatisfaction des clients ont une incidence sur les résultats : cela entraîne une augmentation de vos coûts et une diminution de vos revenus.

Cohérence avec d'autres valeurs

Ironiquement, nombre de ces organisations prétendent avoir parmi leurs valeurs fondamentales celle du « respect pour les autres ».

De nombreuses sociétés respectent sincèrement leurs employés. Elles ont peut-être même pris des mesures pour témoigner de ce respect : la construction d'une jolie cantine pour le personnel, l'installation de chaises confortables ou de technologies de pointe. Quelques entreprises vont jusqu'à prendre le temps et faire l'effort de choisir la bonne couleur de peinture pour les murs, afin de créer l'atmosphère désirée.

Mais ces mêmes organisations n'examinent pas attentivement la formulation de leurs politiques administratives et opérationnelles. Par conséquent, les messages négatifs véhiculés par ce type de rédaction ne sont pas vérifiés. Vous pouvez parier que même si leurs politiques semblent irrespectueuses envers les employés, leur mauvaise formulation a beaucoup plus d'impact que si on peignait des murs d'une mauvaise couleur.

Redéfinir la manière de formuler les règles

La bonne nouvelle est que l'on peut résoudre ce problème de manière relativement facile si vous le souhaitez. Cela ne nécessite d'apprendre que deux choses :

(a) Comment reconnaître les règles qui semblent irrespectueuses.

(b) Comment les reformuler pour qu'elles ne le soient plus.

C'est tout. Il suffit de le vouloir. Il faut **simplement faire en sorte que la communication respectueuse et courtoise fasse partie de nos priorités.**

Ce livre traite de la rédaction de politiques opérationnelles et administratives et d'autres types de règles **de manière claire, succincte** et **respectueuse.**

Je ne vais pas contester le contenu de vos règles. Si vous estimez qu'une règle en particulier soit nécessaire afin d'obtenir vos objectifs, alors, pour nous, cette justification sera suffisante.

Je ne vais pas non plus examiner l'élaboration des politiques. Nous n'allons pas nous pencher sur la façon de déterminer quelle est la bonne règle, comment mener une consultation ou ce qui constitue un bon processus d'approbation. Tout ce travail précède le processus de rédaction, et c'est à ce moment-là que les rédacteurs de politiques prennent les commandes.

Les rédacteurs doivent organiser les documents qui contiennent les règles et produire des déclarations pour les affirmer. Ce livre vous permettra de reconsidérer la manière dont vous abordez ces activités, ainsi que la manière de s'adresser aux personnes pour les encadrer.

Vous commencerez à remarquer que la manière dont vous formulez vos règles **révèle le degré de respect** que vous avez pour les personnes auxquelles elles s'adressent – ou au contraire elle en trahit le manque.

Le contenu de ce livre

Ce livre suit une dynamique qui va du plus général au plus détaillé.

Au chapitre 1, nous examinerons les coûts entrainés par des politiques mal rédigées pour votre organisation. Nous verrons également pourquoi les politiques sont différentes des contrats et comment cette différence se reflète dans leur formulation.

Le chapitre 2 traite des éléments déterminants pour la rédaction des politiques. Il examine d'abord pourquoi nous établissons des règles, puis pourquoi nous les mettons sur papier.

Le chapitre 3 traite de la manière d'organiser les instruments de politique et de l'importance d'un cadre principal, tandis que le chapitre 4 s'intéresse à la dénomination des documents de politique.

Au chapitre 5, nous examinerons les déclarations de politique. Nous nous concentrerons ici sur la nécessité de rendre leur formulation claire et succincte. Au chapitre 6, nous verrons comment faire en sorte que la rédaction soit respectueuse, et au chapitre 7, nous pousserons encore plus loin cette démarche pour que la formulation devienne utile.

Le chapitre 8 est entièrement consacré à une argumentaire autour des trois modaux, « doit », « peut » et « il faudrait ». Nous verrons pourquoi ces termes sont à la fois archaïques et terriblement ambigus, et nous envisagerons des formulations alternatives.

Le chapitre 9 se concentre sur un type particulier d'instrument politique, la norme. Nous verrons comment les normes diffèrent des autres types d'instruments politiques et comment elles interagissent avec eux.

Le chapitre 10 aborde un autre type particulier d'instrument de politique, le code de conduite. Nous verrons comment les principes de rédaction qui rendent les déclarations de politique plus attrayants peuvent également s'appliquer aux codes de conduite.

Le chapitre 11 traite des éléments qui composent les déclarations de politique, tels que les informations de base, l'objectif de la politique ainsi qu'une déclaration d'enquête.

Le chapitre 12 donnera quelques conseils de rédaction pour que vos déclarations de politique soient claires, succinctes et respectueuses. Nous examinerons un certain nombre de mots couramment utilisés qui sont problématiques.

Les exemples

La plupart des exemples inclus dans ce livre sont tirés de documents réels qui ont été déposés sur mon bureau. Bien que j'aime normalement rendre à César ce qui appartient à César, dans ce cas, les noms des organisations ont tous été cachés pour éviter de créer des situations potentiellement embarassantes.

Je tiens néanmoins à exprimer ma plus profonde gratitude à ces organisations qui, sans le savoir, ont contribué par leurs mauvaises déclarations de politique à donner l'exemple de ce qu'il ne faut pas faire. Sans elles, ce livre n'aurait pas vu le jour.

Chapitre 1

LES COÛTS DES MAUVAISES RÈGLES

Fabienne me dit que chaque fois qu'elle est candidate à un emploi, elle demande à voir les politiques d'entreprise de l'organisation. Elle veut savoir comment la direction s'adresse aux employés. Si elle trouve que le langage manque de respect, elle passe discrètement à l'opportunité suivante.

Les bons employés sont difficiles à trouver. Une personne qui se soucie suffisamment de sa situation professionnelle pour faire preuve de diligence vis-à-vis d'un potentiel employeur est exactement le genre d'employé que vous voulez.

Mais vous perdrez Fabienne si vous ne prêtez pas attention à cette question. De plus, vous la perdrez sans même le savoir... sans savoir qu'elle est venue jeter un coup d'œil à votre boutique, qu'elle n'a pas aimé ce qu'elle a vu et qu'elle a ensuite tourné le dos.

Combien de Fabienne ont lu les politiques de votre organisation et ont constaté qu'elles ne s'adressent pas aux autres avec respect ? Combien de Fabienne avez-vous pu manquer jusqu'à présent ?

Bien sûr, nous ne pourrons jamais connaître ce nombre, mais si Fabienne est la bonne personne pour votre organisation, même une seule personne est déjà une de trop. Notre seul espoir est de prendre des mesures pour éviter que cela ne se produise en premier lieu. Nous avons besoin de politiques qui paraîtront respectueuses à la fois aux initiés et aux personnes extérieures.

Règles administratives et opérationnelles

Le terme « politique », comme beaucoup de mots français, a plusieurs significations.

D'un côté, il est utilisé au sens large pour désigner une stratégie politique globale, telle qu'une politique en matière d'inflation ou la politique étrangère d'un pays. De l'autre côté, il se réfère à une règle spécifique, comme par exemple : « paiements en espèces uniquement ».

Ce livre porte sur les **politiques administratives et opérationnelles** de votre organisation. Il s'agit des décisions qui régissent le comportement des autres, qu'ils soient employés d'une organisation, membres d'une association ou clients d'un service que vous fournissez. Cela comprend tous les services de soutien de l'entreprise : finances, ressources humaines (RH), gestion de l'information/technologie de l'information (GI/TI), sécurité, installations et toutes les opérations quotidiennes.

À partir de maintenant, nous limiterons notre discussion à cette dimension.

L'ancienne méthode

Il y a quelques années, je dirigeais une équipe de soutien aux services généraux dans une grande agence gouvernementale. Les membres de l'équipe étaient constamment frustrés par les collègues qu'ils soutenaient. En effet, ils avaient auparavant publié une série de politiques et de lignes directives contenant toutes les règles, mais personne ne semblait les écouter.

Dans un premier temps, les membres de l'équipe ont supposé que le manque de conformité était dû à une mauvaise communication. Ils ont donc créé davantage de mémorandums, publié des annonces sur l'intranet de l'entreprise et envoyé des rappels par courrier électronique. Mais rien n'a changé ; l'intensification des communications n'a incité personne à se conformer davantage.

L'équipe a alors essayé de renforcer le langage pour le rendre plus effrayant et plus officiel. Elle a remplacé la formule d'approche classique « Les employés devraient » par « Il faut que tous les employés » et « Il est formellement interdit à tout utilisateur de ».

Enfin, elle a ajouté beaucoup de caractères **gras**, *d'italiques*, <u>de soulignements</u>, DE MAJUSCULES et de nombreux points d'exclamation (!!!!) pour s'assurer que ***<u>TOUT le monde respecte les règles !!!!</u>***

Comme vous pouvez vous en douter, les changements de présentation n'ont en rien augmenté la conformité. D'une manière ou d'une autre, les gens ont dû manquer le mémo qui expliquait que le plus une règle est structurée, le plus elle est censée vous faire trembler de peur.

La formulation menaçante n'a pas non plus eu d'effet. Au contraire, elle a engendré du ressentiment dans certains cas et provoqué des frictions entre les rédacteurs des politiques et le reste du bureau.

Comme on pouvait s'y attendre, presque personne ne lit vraiment ces politiques. Ceux qui les ont lues étaient :

+ Confus quant à leur signification.

+ Ils hésitaient à parcourir de nombreux paragraphes inutilement longs.

+ Ils étaient peu enclins à s'ouvrir aux règles étant donné le ton de plus en plus conflictuel.

Lorsqu'il est devenu évident que les nouveaux instruments de politique n'étaient pas plus efficaces que les anciens, les problèmes se sont aggravés. Les responsables des politiques étaient déçus.

« Pourquoi se donner la peine de rédiger d'autres politiques si personne ne les suit ? » demandaient les membres de l'équipe. « Nous ne faisons que perdre notre temps. »

Au final, le moral de l'équipe a chuté, son niveau de frustration a augmenté et sa productivité a diminué.

Le véritable problème n'a jamais été abordé car en réalité, l'objectif des instruments de politique était généralement mal compris. Les nouvelles politiques étaient toujours basées sur les anciennes, même si ces dernières avaient été mal rédigées au départ.

Les trois erreurs typiques

La plupart des politiques écrites, des lignes directives, des normes et d'autres documents réglementaires similaires sont victimes de trois problèmes courants.

1. Manque de clarté

Les déclarations sont ambiguës ou prêtent à confusion. Une formulation mal choisie permet de multiples interprétations.

2. Manque de concision

Les déclarations de politique sont entrelacées de toutes sortes d'informations indirectement pertinentes, ce qui empêche de séparer la politique des explications ou des conseils. Les documents ne sont pas concis car ils tentent d'affronter trop de sujets à la fois.

3. Manque de respect

Les déclarations de politique ressemblent à un sergent qui crie des ordres. Elles réprimandent au lieu d'informer.

Avantages des politiques bien écrites

Les déclarations de politique bien rédigées invitent à la conformité. Elles sont plus faciles à gérer et à appliquer, ce qui réduit le temps que l'organisation consacre à ces activités. Elles facilitent également le processus d'audit interne, car les auditeurs peuvent déterminer exactement quels sont les résultats attendus.

Des instruments de politique bien rédigés peuvent raccourcir le processus d'approbation de plusieurs semaines, voire de plusieurs mois, en ne contenant que les déclarations qui doivent réellement être approuvées.

Il est plus facile de consulter, de maintenir et de retirer des instruments de politique bien rédigés, le cas échéant.

En effet, si le temps nécessaire pour régler les problèmes causés par une mauvaise rédaction est réduit, les ressources disponibles pour se consacrer à l'activité principale de l'organisation seront par conséquent plus importantes.

Les politiques par rapport aux contrats

Lorsque je faisais mes études de droit, le sujet des politiques d'entreprise n'était abordé que sporadiquement et nous n'apprenions rien sur les politiques et les procédures en dehors de leurs implications juridiques. Lorsque je pratiquais le droit, les politiques étaient traitées comme de simples extensions de la documentation contractuelle.

Ce n'est que lorsque j'ai quitté le droit pour entrer dans le monde des affaires que j'ai appris que les politiques étaient bien plus que cela.

Aujourd'hui, j'anime des ateliers sur la rédaction de politiques et je passe une grande partie de mon temps à enseigner aux professionnels comment rédiger des règles qui ne soient pas trop contraignantes ou agressives. Il est intéressant de noter que chaque fois que l'on s'oppose à cette approche, l'objection vient inévitablement d'un avocat.

Bien entendu, de nombreux juristes n'ont aucun problème à ce que les documents de politique soient plus engageants et moins conflictuels que par le passé. Mais certains ne sont pas convaincus; ils veulent que les politiques aient l'air strictes, pour nous convaincre qu'ils sont sérieux ! En fait, ils veulent que les politiques ressemblent à des contrats.

Je comprends cela. Je comprends que leur intérêt pour les politiques se limite à des questions juridiques. Mais les politiques ne sont pas de simples documents définissant des conditions générales. Elles ont des répercussions sur le style de management, les pratiques de gestion, la culture d'entreprise et les questions de bien-être au travail qui définissent une organisation.

Les politiques et les contrats ont des objectifs différents. **Le but d'un contrat est de définir les droits et obligations convenus par les parties. Celui d'une politique est d'aider l'organisation à fonctionner correctement.**

Les contrats sont rédigés pour protéger les parties. Un contrat de travail fixe les conditions d'emploi et, en théorie, protège à la fois l'employeur et l'employé. (Dans la pratique, cependant, il est généralement rédigé de manière à ne protéger que l'employeur).

La principale préoccupation lors de la rédaction d'un contrat est sa **validité juridique**. Nous ne nous soucions pas de savoir si les personnes de l'autre côté sont positivement impliquées ou le lisent avec enthousiasme. Nous ne nous soucions pas de savoir s'ils adhèrent émotionnellement à notre approche ou si le contrat contient un langage froid et strict.

Les politiques sont différentes. **Nous voulons que nos politiques encouragent l'adhésion et incitent à la conformité, et nous ne voulons pas qu'au contraire, elles incitent les autres à se mettre sur la défensive.**

Des politiques bien écrites donnent un ton positif à l'organisation. Elles contribuent à la continuité de l'expérience des employés longtemps après la signature du contrat de travail initial. De même, les politiques relatives aux clients contribuent à l'expérience client longtemps après la vente ou le service initial.

Lorsque vous rédigez une politique comme s'il s'agissait d'un contrat, vous passez à côté d'une opportunité. Au lieu d'améliorer le niveau d'engagement, elle engendrera de la résistance. Ignorer les aspects liés aux relations humaines peut s'avérer **toxique pour la culture d'entreprise** et nuire à la productivité.

Les rédacteurs de politiques doivent travailler en collaboration avec les professionnels du droit, bien que ce soit dans chacun de leurs domaines respectifs. Nous ne voulons pas que nos politiques soient rédigées exclusivement par des avocats, pas plus que nous ne voulons que nos contrats soient rédigés exclusivement par des rédacteurs de politiques.

Les juristes et les différents experts en la matière au sein de l'organisation sont très probablement sur la même longueur d'onde en ce qui concerne les résultats qu'ils souhaitent obtenir. Mais leurs méthodologies diffèrent. Le système juridique est encore principalement fondé sur une approche contradictoire ; le régime politique d'une organisation est fondé sur la collaboration.

Je vous recommande de faire visionner tous les projets de politiques d'entreprise par le service juridique afin d'obtenir un avis. Les avocats peuvent vous informer de tout risque lié à ce que vous inscrivez dans le document. Une fois que vous aurez compris ces risques, vous pourrez décider si vos politiques en créent un que vous n'êtes pas prêt à assumer.

Mais restez sur vos positions lorsqu'il s'agit de gérer le ton dans le document. Ce ton aura des répercussions sur vous par la suite, lorsque vous travaillerez avec vos collègues.

Résumé

Des politiques bien rédigées invitent à la conformité. Si quelques petits changements dans nos documents ont un impact important, cela ne vaut-il pas la peine de prendre le temps de les faire ?

Chapitre 2

PRINCIPES DE BASE

Les règles proviennent de sources multiples. Nous les recevons de nos parents, d'autorités gouvernementales, de nos croyances religieuses, pour n'en citer que quelques-unes. Il serait impossible de dresser un inventaire exhaustif des règles imposées à nos vies, même si nous le voulions. Chaque organisation formelle ou informelle avec laquelle nous interagissons a ses propres règles.

En grandissant, nous pouvons choisir de suivre les règles dans une mesure plus ou moins importante, en fonction de notre caractère et de nos valeurs personnelles. C'est particulièrement vrai lorsque les règles provenant de différentes sources entrent en conflit les unes avec les autres. Dans ce cas, nous nous tenons à faire des choix de principe et à en adopter une parmi elles.

Les règles écrites

Toutes les règles ne sont évidemment pas écrites. Certaines sont créées par l'habitude ou la culture et font partie de notre comportement social normal en tant qu'êtres humains.

Les règles peuvent rester non écrites tant que nous voulons préserver le « statu quo ». Mais garder ses règles non écrites peut s'avérer insuffisant lorsque nous voulons changer des comportements. Dans ces circonstances, nous devons souvent officialiser la règle, l'enregistrer et la communiquer avant de la voir entrer en vigueur.

Les règles dans le monde des affaires

J'ai dit précédemment que la plupart d'entre nous veulent faire ce qui est juste au travail. Il ne s'agit pas simplement de vouloir garder notre emploi dans le but de faire plaisir à nos patrons. Nous voulons sincèrement répondre de la bonne manière aux besoins de nos clients, aider nos collègues et soutenir ceux dont la responsabilité relève de nous. En plus, nous voulons être productifs, efficaces et efficients.

En général, le moteur des règles dans une organisation est d'obtenir un objectif en toute bonne foi. Des stratégies sont mises en place pour atteindre des objectifs spécifiques, et l'un des résultats de ces stratégies est un ensemble de règles.

Dans une organisation structurée de manière formelle, comme une entreprise ou un gouvernement, le large éventail d'objectifs conduit à un nombre encore plus important de règles. Voici quelques exemples typiques d'objectifs d'entreprise et les thématiques des règles qui pourraient être rédigées pour les soutenir.

1) Objectif : mieux suivre ses dépenses

   + Formaliser les procédures d'approbation
   + Organiser la manière de classer les dépenses
   + Modifier le contenu des rapports financiers

2) Objectif : consolider le marketing et l'image de l'entreprise

+ Harmoniser l'image présentée au public

+ Contrôler le langage utilisé dans le contenu promotionnel

+ Définir des publics cibles ainsi qu'un processus de vente

3) Objectif : améliorer la satisfaction des clients

+ Maintenir les normes de qualité des produits

+ Autoriser des remboursements et des échanges

+ Encourager les nouvelles activités et les nouveaux rôles des employés

4) Objectif : réduire les frais généraux

+ Standardiser la technologie et ses composants

+ Redéfinir la répartition des responsabilités professionnelles

+ Rationaliser les processus

Lorsqu'une règle existe dans le vide, sans un objectif clair, de nombreuses personnes seront réticentes à la suivre. Les chefs d'entreprise sont bien conscients de cette tendance et réagissent en s'assurant qu'à un moment donné, ils communiquent « le pourquoi et le comment ». Une fois que les collaborateurs auront compris l'objectif, ils seront plus disposés à suivre la règle.

Les règles établissent une ligne de démarcation

Les règles sont importantes lorsqu'elles nous aident à distinguer les actions acceptables de celles inacceptables. En fait, elles tracent une sorte de ligne de démarcation comme dans le sable et nous disent qu'un des côtés est bon et l'autre mauvais. Si nous choisissons le mauvais côté, nous aurons des ennuis.

Chaque fois que la décision est prise en haut lieu entre le côté gauche et le côté droit et qu'on a choisi lequel est le bon ou le mauvais, il faudra ensuite transmettre cette règle. Elle peut être formulée de plusieurs façons, comme le montrent les exemples du panneau 2.

Panneau 2

Être du côté droit, c'est bien, et du côté gauche, c'est mal.

Restez sur le côté droit.

Évitez le côté gauche.

Personne ne doit jamais se rendre sur le côté gauche.

Interdiction absolue de passer du côté gauche

Toute personne trouvée sur le côté gauche sera abattue.

Restez sur le côté droit, s'il vous plaît.

Au bureau, nous restons sur le côté droit.

Et la liste continue.

Il est indéniable qu'il est souvent essentiel de tracer cette ligne dans le sable. Si vous voulez punir ou licencier un employé, expulser quelqu'un d'un club, infliger une amende à un locataire pour violation du règlement, refuser un service ou un avantage à un membre du public, etc., la ligne entre le bon et le mauvais doit être claire pour tous.

Pourquoi établir des règles par écrit

J'ai dit précédemment que les règles sont formalisées, puis enregistrées, puis communiquées.

Même si c'est une évidence, j'aimerais faire remarquer que les règles ne sont pas particulièrement utiles si elles sont transmises uniquement par des médias transitoires. Nos ancêtres ont pu s'appuyer sur la tradition orale autour du feu de camp pour transmettre les règles d'une génération à l'autre, mais cette pratique ne correspond pas aux bonnes pratiques commerciales actuelles.

Les règles doivent être écrites pour deux simples raisons :

+ Si nous ne pouvions compter que sur nos souvenirs, chacun de nous ne « connaîtrait » que sa propre version des règles.

+ Si rien n'est écrit, nous n'avons aucune preuve solide que c'est la bonne règle qui a été communiquée.

En suivant une vieille expression en latin, « Verba volant, scripta manent », « les paroles s'envolent les écrits restent ! », la mise par écrit des règles permet d'établir deux éléments essentiels aux documents de politique : la certitude et l'autorité.

1. La certitude

Nous avons besoin d'un répertoire commun si nous voulons chanter tous ensemble. Lorsque chacun d'entre nous se réfère à un paragraphe, il faut s'assurer que tout le monde suive sur la même page.

Il faut connaître exactement les mots utilisés dans la politique, dans quel ordre et avec quelle ponctuation. Pour être sur la même longueur d'onde, il faut que cette dernière soit clairement identifiable et reproductible avec précision.

Cette certitude s'accompagne d'une cohérence, d'une durée de vie, d'une pérennité et de tous les autres avantages liés à la transcription de quelque chose par écrit.

2. L'autorité

Une règle est approuvée par une personne ou un organisme. Cette approbation transmet deux informations essentielles :

A) La provenance

La personne ou l'organisme qui approuve la déclaration s'identifie et assume la responsabilité de sa décision. Si vous n'êtes pas satisfait de la règle et que vous souhaitez qu'elle soit modifiée ou supprimée, il vous faudra en convaincre cette personne ou cet organisme.

En approuvant une politique écrite, l'approbateur dit au monde entier, d'une manière informelle, « Nous avons l'autorité pour prendre cette décision, un point c'est tout ! ».

B) La compétence

En outre, cette approbation comporte une affirmation implicite selon laquelle les déclarations de politiques se font dans le cadre de ce que cette personne ou cet organisme peut approuver. Encore une fois, d'une manière simple, elle affirme que « cette question est de notre ressort ».

Pour utiliser un terme juridique, l'approbation de la politique est une affirmation indiquant que le sujet relève de la compétence de l'approbateur.

La « compétence » utilisée dans ce sens ne concerne pas les aptitudes mais plutôt la juridiction. Les décisions que vous prenez dans des domaines qui ne relèvent pas de votre compétence sont inefficaces. Les rédiger et les soumettre à l'approbation est un gaspillage de votre temps et de vos ressources.

Vous pourriez penser que la phrase précédente est évidente, mais les faits indiquent le contraire. De très nombreuses politiques contiennent des déclarations qui ne relèvent pas de la compétence de l'approbateur, mais qui sont néanmoins incluses. Nous examinerons cette question plus en détail au chapitre 5.

Déclarations essentielles uniquement

Dans la pratique, l'obtention de l'approbation d'une politique opérationnelle ou administrative peut être un processus long et laborieux. Chaque déclaration figurant dans le document est susceptible de servir d'entrave si quelqu'un s'oppose à la manière dont elle est formulée.

Moins les obstacles seront nombreux, plus la politique progressera rapidement vers l'approbation.

La raison d'être d'une politique est de soutenir les deux éléments discutés précédemment : la certitude et l'autorité. Une politique aussi concise soit elle, ne contiendra que des déclarations établissant la certitude, l'autorité, ou les deux.

Toute déclaration insérée dans un autre but est inutile. Inutile, dans ce contexte, signifie également chronophage et coûteux. Cela implique un gaspillage des ressources pour les rédacteurs de la politique, les personnes consultées, les personnes chargées de l'approbation et pour toutes les autres personnes impliquées dans le processus politique.

Le test : si une déclaration est efficace dans un autre document, par exemple, un document de formation ou un guide d'utilisation, alors il est inutile de l'inclure dans une politique.

Dans la plupart des organisations, ces autres documents peuvent être rédigés sans nécessiter un processus complet de consultation et d'approbation. Dans ce cas, le fait de déplacer, dans la mesure du possible, une déclaration accessoire de la politique vers ces autres documents vous fera gagner du temps et des ressources.

Des objectifs peu judicieux

Les « autres objectifs » invoqués pour justifier l'inclusion de déclarations facultatives se répartissent en quelques groupes. Vous pouvez déterminer ce qui motive réellement l'inclusion en détectant des indicateurs qui la justifient. Voici quelques exemples d'indicateurs pour chacun de ces autres objectifs.

Les indicateurs

« Les gens ont besoin de connaître cette information ».

« Il faut rappeler ce point aux personnes ».

« Nous voulons que tout le monde sache d'où vient cette règle ».

La réalité

Ces types d'explications sont des signes qu'une déclaration est insérée dans la politique à des fins pédagogiques.

Nous pouvons éduquer les personnes en utilisant d'autres types de formats : matériel didactique, matériel promotionnel, formation en direct, et ainsi de suite, tous relevant d'une manière générale de l'orientation. Les déclarations pédagogiques trouvent leur place dans les manuels de bureau ; dans une politique, elles ne servent qu'à semer le désordre.

Les indicateurs

« Certaines personnes ne comprendront pas si l'on ne développe pas davantage. »

« Il faudrait probablement donner quelques exemples pour aider les personnes à comprendre. »

La réalité

Nous pouvons fournir des explications et des illustrations valables en dehors du document de politique, en utilisant le même matériel didactique, le même matériel promotionnel et les mêmes formations en direct que ceux mentionnés ci-dessus.

Quel processus prend le plus de temps dans une organisation : faire approuver une politique ou faire approuver du matériel didactique ? Dans la plupart des organisations, la politique doit être approuvée à un niveau supérieur, ce qui implique plus de procédures et de vérifications que n'importe quel autre processus. Il faut réserver ce travail de politique pour les déclarations qui n'ont pas d'autre choix que de passer par ce processus d'approbation, et placer les autres déclarations ailleurs, à un endroit qui implique moins de travail.

Les indicateurs

« On veut que tout le monde comprenne pourquoi la règle est ainsi. »

« Les approbateurs voudront connaître notre raisonnement. »

La réalité

Nous pouvons justifier nos règles en utilisant d'autres documents, tels que des documents stratégiques, des rapports et des notes d'information.

Lorsqu'un projet de loi est soumis à l'approbation d'un organe gouvernemental élu, le projet lui-même ne contient pas la raison de son existence. Les informations de base, les raisons et les preuves justificatives sont présentées dans un document distinct accompagnant le projet de loi. Une fois que le projet de loi est adopté, ce document d'accompagnement est déplacé ailleurs, et la loi ou le règlement restant ne contient que les règles.

Les projets de politiques des entreprises sont équivalents à ces projets de loi. Si la raison d'être des règles change, vous ne voulez pas avoir à modifier vos politiques simplement pour les mettre à jour ! Gardez ces documents séparés.

Les indicateurs

« Il faut couvrir tous les aspects. »

« Les personnes veulent tout savoir »

La réalité

Une bonne politique ne doit pas nécessairement être un recueil de tout ce qu'il faut savoir sur un thème.

Une organisation disposera de nombreux documents expliquant qui, quoi, où, quand et comment, pour ceux qui ont besoin de savoir. Ce sujet sera développé davantage au chapitre suivant, dans lequel je regrouperai tous les documents qui accompagnent les politiques dans une rubrique collective appelée « manuel de bureau ».

Un bon manuel de bureau explique aux employés de l'organisation tout ce qu'il faut savoir. Il peut éduquer, expliquer, fournir des exemples et des illustrations, et indiquer la raison pour laquelle la règle est telle qu'elle est.

Nous souhaitons que nos manuels de bureau soient complets et que nos politiques soient aussi succinctes que possible.

En ajoutant à vos politiques des déclarations qui éduquent, expliquent ou justifient les règles, vous transformez vos politiques de manière définitive et erronée en manuel de bureau.

Le test ultime ? Si l'omission d'une déclaration ne modifie pas la règle, cela veut dire qu'elle a sa place ailleurs.

La terminologie

Comme la terminologie relative à l'élaboration des politiques varie d'une discipline à l'autre, les malentendus sont fréquents. Dans ce livre, j'ai essayé d'être cohérent avec les termes suivants :

Une décision politique est une décision adoptée par un organe directeur de la structure. (Cette déclaration sera affinée plus tard, mais pour l'instant, elle est suffisante pour nos besoins).

Une déclaration de politique est une déclaration écrite de cette décision.

Un instrument de politique est un document contenant une ou plusieurs déclarations de politique.

L'organe directeur qui approuve l'instrument de politique devient le responsable de cette politique. La politique peut avoir été rédigée par des experts en la matière, puis faire l'objet d'une série de consultations, de réitérations et d'approbations provisoires, mais au final, le document est soumis au responsable de la politique pour son approbation ultime.

Pour notre propos, le responsable de la politique est la personne ou l'organisme décisionnaire dont l'approbation met effectivement la politique en vigueur.

Une personne ou un organisme acquiert le pouvoir d'approuver une politique à partir de l'une de ces différentes sources :

+ Cela peut résulter d'un document constitutionnel, tel qu'une charte ou une loi ou un règlement gouvernemental.

+ Cela peut avoir été déclaré dans un document de gestion, comme les statuts de l'entreprise ou un cadre de directive interne.

+ Cela peut être le résultat d'une délégation, c'est-à-dire le droit formel de prendre une décision de la part d'un pouvoir supérieur.

+ Cela peut se produire simplement du fait que l'on est propriétaire de l'organisation ou qu'on la parraine. Comme le disait mon père, « lorsqu'on paie le chanteur, on peut choisir le répertoire ».

Le responsable de la politique est responsable en dernier ressort des décisions prises en la matière.

Résumé

Essayer de faire en sorte qu'un seul document serve à tous les usages c'est comme créer un casse-tête sans solution. De nombreux documents de politique pourraient être réduits de moitié par rapport à leur longueur initiale si leur contenu était limité aux déclarations.

Examinons maintenant les différents types de documents produits par ces responsables de politiques.

Chapitre 3

INSTRUMENTS DE POLITIQUE

Peu de temps après mon engagement en tant que spécialiste de politiques dans une organisation « think-tank » de taille moyenne, quelqu'un m'a envoyé un document à examiner. Il avait rédigé un court document intitulé « Directives sur la protection de l'entreprise vis-à-vis des visiteurs » qu'il souhaitait distribuer au reste de l'organisation, et m'a demandé de lui faire part de mes commentaires sur son contenu.

J'ai commencé à le lire. Le préambule était excessivement long et pas particulièrement informatif. Il semblait avoir été copié d'un autre instrument de politique et modifié en utilisant le mot « visiteur » à la place de ce qui aurait pu être « téléphones mobiles » dans l'original. J'ai passé le préambule et suis allé directement aux déclarations de politique.

La première déclaration est présentée dans le panneau 3.

Panneau 3

Un « visiteur » est une personne qui ne travaille pas au sein de notre organisation.

Un début intéressant. J'aurais pensé que ce fait était évident, mais je suppose que l'auteur a fait preuve de prudence. La définition n'était pas fausse, donc ce n'est pas grave….Continuons.

La deuxième déclaration est affichée dans le panneau 4.

Panneau 4

Tous les visiteurs doivent être escortés par un employé pendant leurs déplacements dans les locaux.

D'accord. L'intention était claire, même s'il aurait fallu la formuler de manière un peu plus succincte et beaucoup moins dictatoriale. Mais si cette déclaration représente la position que l'organisation veut adopter, il est alors approprié qu'elle figure dans un instrument de politique.

Le panneau 5 contient la troisième déclaration.

Panneau 5

Veuillez s'il vous plaît, indiquer à vos visiteurs d'arriver dix minutes avant le rendez-vous afin de s'inscrire au bureau de sécurité.

Pardon ?

Cette déclaration laisse entendre que la politique officielle de notre organisation est de dire aux visiteurs d'arriver dix minutes à l'avance. Cela ne ressemblait pas à une décision prise par un comité exécutif de haut niveau ; cela ressemblait plutôt à un conseil que vous pourriez donner à vos nouveaux collègues lors de leur intégration au bureau. Il n'est pas anodin que la déclaration contienne « s'il vous plaît », une phrase qui n'a pas sa place dans une décision politique.

À partir de là, les choses ont continué à se dégrader. La quatrième déclaration apparaît dans le panneau 6.

Panneau 6

Il est exigé de la part des visiteurs une attitude correcte à tout moment.

Voyons ! Sérieusement ?

S'il s'agit d'une déclaration de décision, qu'ont-ils décidé ? Cette phrase n'énonce-t-elle pas une évidence ? Avions-nous vraiment besoin que les plus hauts responsables de l'organisation passent leur temps à approuver cette déclaration ?

Laissant de côté pour le moment la possibilité que nous ne soyons pas tous d'accord sur ce qui constitue « une attitude correcte », cette déclaration souffre d'un sérieux problème de clarté lié au mot « exigé ». À première vue, il ne s'agit pas d'une déclaration sur un comportement raisonnable ; mais d'une déclaration sur des exigences raisonnables en termes de comportement.

Cette formulation a-t-elle été choisie pour éviter de dire « les visiteurs doivent bien se comporter » ? C'est très probablement ce que cela veut signifier. Cette déclaration pourrait être utile sur un panneau dans la salle d'attente des visiteurs, mais ce n'est pas une déclaration de politique.

La cinquième déclaration est encore pire. Elle est présentée dans le panneau 7.

Panneau 7

Comme indiqué dans la politique de sécurité du bureau, les visiteurs doivent porter un badge d'identification à tout moment.

Il semble que nous ayons déjà une politique disant aux visiteurs de porter un badge d'identification, mais maintenant quelqu'un veut une nouvelle politique disant à tout le monde de suivre la politique existante. C'est comme si quelqu'un essayait d'inventer des règles uniquement pour alourdir le document.

J'ai arrêté de lire et j'ai posé le document. Evidemment, ils étaient en train de s'emmêler les pinceaux, entre les conseils généraux, les meilleures pratiques, les définitions, les déclarations de nouvelles politiques et les rappels des déclarations de politiques existantes.

Séparer les règles des orientations

Je suis retourné voir la personne qui m'avait envoyé le document et lui ai posé la question que je pose systématiquement dès que je reçois un document à examiner : Ce document est-il destiné à faire autorité ou à servir de directive ?

En d'autres termes, le but de ce document est-il :

+ De présenter les décisions que l'organe directeur a besoin d'approuver, ou
+ D'informer les personnes du bureau de ce qu'elles nécessitent de savoir sur le sujet ?

Il s'agit de deux types de documents distincts. Le premier est une politique, le second n'est qu'une orientation.

Il existe une distinction fondamentale entre les documents qui fixent des règles et ceux qui les réaffirment ou les expliquent. Le défaut principal des instruments de politique de la plupart des organisations est de ne pas préserver cette distinction.

Cadre documentaire

Les documents relatifs aux politiques d'une organisation relèvent de l'un des trois groupes suivants. Ensemble, ces trois groupes constituent **le cadre documentaire des politiques de l'organisation**. (Voir la figure 1.)

Figure Nº 1 — Cadre Documentaire

Cadre documentaire

Ces trois groupes de documents sont :

* les documents de base
* les autorités
* les orientations

Les documents de base transmettent les informations aux autorités, et ces dernières, à leur tour transmettent les informations aux documents d'orientation.

Explorons chaque groupe séparément.

Les documents de base

Avant même de prendre la plume pour rédiger des politiques, vous avez très probablement créé un certain nombre de documents concernant la direction à suivre de votre organisation. (Voir la figure 2.)

Figure Nº 2 — Documents du base

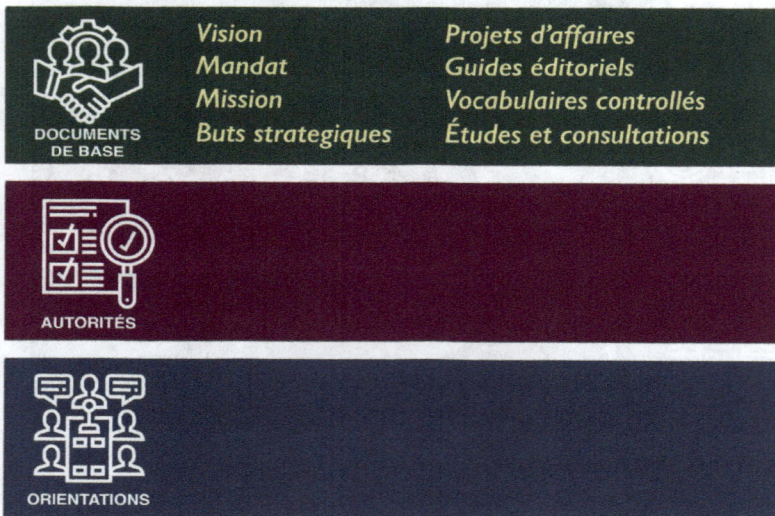

DOCUMENTS DE BASE	*Vision* *Mandat* *Mission* *Buts strategiques*	*Projets d'affaires* *Guides éditoriels* *Vocabulaires controllés* *Études et consultations*
AUTORITÉS		
ORIENTATIONS		

Cadre documentaire

Les documents de base comprennent

+ Les documents relatifs au mandat
+ Les déclarations de vision et de mission
+ Les valeurs de l'entreprise

+ Les objectifs et les cibles
+ Les mesures opérationnelles et les indicateurs clés de performance
+ Les recherches et livres blancs
+ Les stratégies
+ Les lexiques terminologiques

Les documents de base reflètent la pensée qui a précédé la création des politiques. Ils comprennent également les documents produits pendant le processus d'élaboration des politiques, tels que les comptes rendus des discussions et les résultats des consultations. Avez -vous entendu parler de la rédaction de politiques fondées sur des données probantes ? Ces documents de base représentent les données.

Les documents de base sont rarement modifiés, mais cela arrive. Étant donné que les documents de base donnent des informations aux autorités, les modifications apportées aux premiers nécessitent souvent des changements conséquents aux seconds.

Les autorités

Le deuxième groupe de documents est constitué par les autorités. Ce sont les différents instruments qui permettent de définir les règles à suivre.

Les autorités sont d'**origine interne** ou **externe**.

Les autorités internes comprennent les politiques, les lignes directrices, les normes et tout autre document de règles que vous élaborez. (Voir la figure 3.)

Figure Nº 3 — Autorités

DOCUMENTS DE BASE

INTERNES
Politiques
Normes
Procédures

EXTERNES
Lois
Règlements
Corps professionels

AUTORITÉS

ORIENTATIONS

Cadre documentaire

Les responsables de ces pouvoirs, individus et comités, se situent à un niveau élevé de l'organisation.

Les autorités externes sont celles créées par d'autres organismes, à la fois :

+ Ceux que vous êtes obligé de suivre, tels que la législation gouvernementale et la réglementation professionnelle

+ Ceux que vous choisissez de suivre, comme les normes industrielles ou internationales.

Les autorités internes et externes peuvent toutes deux alimenter les documents d'orientation. Mais contrairement à vos autorités internes, les autorités externes ne sont pas alimentées par vos documents de base.

Une organisation expérimentée disposera d'un processus formel, documenté et structuré afin de permettre le passage des autorités à travers différentes étapes, du projet à l'approbation. Dans de nombreux cas, la rigidité de ce processus est davantage aggravée par la difficulté à obtenir le temps ou l'attention des responsables de la politique ou des intervenants.

Par conséquent, la production, la modification ou l'annulation d'une autorisation sont souvent très coûteuses en temps et en ressources. La façon la plus rentable d'accélérer le processus est d'élaborer le projet initial afin d'y apporter le moins de modifications possible.

Les orientations

Ce groupe contient les outils et les documents d'orientation que vous créez. Ces documents présentent, expliquent et développent toutes les informations que les personnes doivent connaître à propos des autorités. (Voir la figure 4.)

Figure Nº 4 — Orientation

DOCUMENTS DE BASE

AUTORITÉS

ORIENTATIONS

Guides	*Aides pédagogiques*
Modèles	*Matériels publicitaires*
Recommandations	*Diffusions des messages*
Conseils pratiques	*Pièces de communications*

Cadre documentaire

Ce sont ces documents qui s'adressent directement aux personnes gérées par les politiques. Ils ne sont efficaces que lorsqu'ils sont rédigés dans un langage clair et simple et qu'ils sont facile à consulter.

Les orientations peuvent être adaptées spécifiquement à différents publics, certains documents étant destinés à la direction et d'autres aux employés. Elles peuvent être reproduites dans de multiples formats de publication, à différents niveaux de granularité, ou même traduites dans différentes langues.

Puisque les documents d'orientation sont guidés par les autorités, les orientations ne sont correctes que dans la mesure où elles ne contredisent pas l'autorité en question. Vous pouvez maintenir à jour vos orientations et les garder exactes en mettant en place un processus. Le but étant de permettre à chaque modification apportée par un instrument de politique d'être suivie par une révision de la section du manuel de bureau associée.

La plupart des organisations trouvent plus efficace de permettre que les documents d'orientation soient approuvés à un niveau inférieur à celui du responsable de la politique. Ce niveau inférieur d'approbation donne à l'organisation la flexibilité nécessaire à produire des documents plus rapidement et avec moins d'obstacles bureaucratiques.

La distinction entre les autorités et les orientations

Comme nous l'avons mentionné précédemment, négliger la distinction entre les documents de la deuxième section et ceux de la section numéro 3, soit entre les déclarations de politique et les orientations représente le principal défaut des instruments de politique de la plupart des organisations.

Cette distinction n'est en aucun cas nouvelle. Les bibliothécaires, les historiens, les chercheurs et les archéologues appellent les documents de la section 2 « sources primaires » pour les distinguer de ceux de la section 3, qu'ils appellent « sources secondaires ». Les avocats font une distinction similaire, en se référant aux documents de la section 2 comme « droit » et à ceux de la section 3 comme « autorités légales » ou « commentateurs juridiques ».

La distinction est fondamentale : **les autorités établissent les règles, alors que les orientations les appliquent.**

Qui lit les politiques ?

Trop souvent, j'entends des professionnels se plaindre de ce problème. « Personne ne lit notre politique sur les trombones », se plaignent-ils. (N'hésitez pas à remplacer les trombones par un sujet en lien avec votre propre domaine : finances, GI/TI, sécurité, RH, etc.)

« Notre organisation devrait obliger tout le monde à lire notre politique sur les trombones », poursuivent-ils, « afin qu'ils connaissent toutes nos exigences en matière de trombones. ».

Ma réponse est toujours la même :

1. Si on leur donne le choix, 99 % des personnes de votre organisation ne liront jamais votre politique sur les trombones.

2. Habituez-vous. Cela ne va pas changer.

3. Ce n'est pas une mauvaise chose en soi.

« Mais ils sont régis par cette politique ! » rétorquent-ils. « Si cela s'applique à eux, ils devraient être obligés de la lire. »

La logique de cette dernière affirmation est difficilement compréhensible. Essayons d'inverser les rôles, prenons un exemple.

La Loi de l'impôt sur le revenu

Avez-vous rempli une déclaration de revenus l'année dernière ? Vous l'avez peut-être remplie vous-même, ou vous avez peut-être demandé à quelqu'un de le faire pour vous. Quoi qu'il en soit, dites-moi : avez-vous d'abord lu la Loi de l'impôt sur le revenu ?

Après tout, **c'est la loi de l'impôt sur le revenu qui fait autorité.** Elle énonce les règles et régit ce que vous devez inclure dans votre déclaration. Elle s'applique clairement à vous, donc en suivant la logique précédemment mentionnée vous devriez l'avoir lu au moins une fois !

En réalité, à moins que vous ne soyez comptable ou avocat fiscaliste, je serais surpris que vous ayez survolé cette loi, et encore moins que vous l'ayez lue avant de remplir votre formulaire fiscal.

Si vous lisez un document relatif à la fiscalité, il s'agit le plus souvent de la petite brochure qui accompagne le formulaire d'imposition et qui s'intitule probablement « Instructions pour remplir votre déclaration de revenus ». Ce livret est un **document d'orientation.** Son but est de vous fournir uniquement les informations dont vous avez besoin pour mener à bien votre tâche, et c'est pour cette raison que les gens sont bien plus susceptibles de lire ce livret que la loi elle-même. Ce livret ne vous surchargera pas le cerveau en abordant des parties de la législation que vous n'avez pas besoin de connaître.

Je doute que vous ayez un jour envie de lire la Loi de l'impôt sur le revenu. Ni le gouvernement ni les fiscalistes que vous engagez pour vous aider ne s'attendent à ce que vous la lisiez. Admettons que vous soyez régis par cette loi, cela n'est pas une raison suffisante pour la lire !

Obtenir de l'aide

Même si en remplissant votre déclaration vous rencontrez des difficultés de compréhension dans ce petit livret, vous n'irez jamais chercher la Loi de l'impôt sur le revenu pour vous aider, même si c'est le document qui fait autorité. Vous allez plutôt vous adresser à quelqu'un, comme un ami, un collègue ou un professionnel de l'impôt.

En réalité, personne n'a envie de lire votre politique sur les trombones, pas plus que vous n'avez envie de lire la Loi de l'impôt sur le revenu.

La raison en est simple : lorsque vous n'êtes pas expert dans un domaine, vous vous dites que de lire le document faisant autorité est une perte de temps.

Les gens lisent les orientations

Les gens sont beaucoup plus enclins à lire des documents écrits spécifiquement pour les aider à accomplir leur travail, comme pour le petit livret de l'impôt sur le revenu.

Si vous pouvez fournir une bonne documentation, expliquant uniquement ce que les gens ont besoin de savoir dans une situation donnée, ils seront beaucoup plus réceptifs à la lecture de ce document. Après cette lecture, s'ils ont encore des questions, ils vous contacteront pour obtenir une explication avant même d'avoir recours à l'autorité.

De nombreux aspects de notre vie fonctionnent de cette manière. Vous avez peut-être joué au Monopoly® de nombreuses fois, mais il est peu probable que vous ayez parcouru les règles officielles de Hasbro (ou les règles originales de Parker Brothers). Vous pouvez présider une réunion sans jamais avoir lu le « Roberts' Rules of Order » (ouvrage spécialisé dans les procédures qui régissent le bon déroulement des réunions). Et vous pouvez apprendre à conduire votre voiture sans lire la législation applicable aux véhicules à moteur.

Les autorités sont des documents de référence lorsque vous devez régler un différend. De la même manière dont vous pourriez utiliser un dictionnaire, on le consulte pour résoudre une situation spécifique plutôt que d'en lire la totalité.

Les instruments de politique sont pour les experts

La Loi de l'impôt sur le revenu utilise beaucoup le langage technique. Il en va de même pour le « Robert's Rules of Order ».

Comme toute bonne autorité, ces textes sont rédigés dans un souci d'exactitude et de précision, et non pour être des outils pédagogiques. On ne s'attend pas à ce qu'une personne qui n'est pas familière avec le domaine soit capable de saisir l'autorité et de la comprendre immédiatement. Bien qu'un grand nombre de personnes puissent être soumises à une politique ou une norme, seulement un petit nombre la lira un jour.

Trop souvent, une politique est « simplifiée » par phobie qu'une personne, peut-être un jour, lise le document et n'en comprenne pas la terminologie. Ce sentiment mène à la reformulation du texte dans un langage courant.

L'hypothèse à l'origine de cette simplification du langage est que tout le monde est censé être capable de comprendre une politique. Cette idée est erronée. Elle repose sur l'incapacité à faire la distinction entre l'objectif des instruments de politiques et celui des documents d'orientation.

Les autorisations ne sont pas écrites pour le profane. Elles sont rédigées dans un langage que seuls les experts qui travaillent dans un domaine en particulier peuvent comprendre.

Avant tout, ce sont ces mêmes experts qui doivent être en mesure de s'entendre sur la signification des déclarations de politique, sur les décisions à prendre et sur les limites à ne pas dépasser. Ils doivent décider si la gauche ou la droite sont bonnes ou mauvaises. Ce sont ces personnes qui rédigeront les orientations que pourront être lu par les autres.

Prenons un exemple. Un hôpital local applique la politique illustrée dans le panneau 8.

Panneau 8

Tous les patients présentant des lésions sous-dermiques ou sous-cutanées seront traités comme des cas à risques épidémiologiques.

Je n'ai aucune idée de la signification de cette politique.

Ce n'est pas grave ! Le fait que je comprenne cette politique n'a aucune incidence sur quoi que ce soit. Je ne suis pas un médecin spécialiste, je suis un patient. Si je suis censé prendre des mesures sur la base de cette politique, un panneau sera affiché quelque part en langage clair et simple pour me dire de me laver les mains ou de porter d'affreuses pantoufles en tissu ou tout autre chose que je suis supposé faire.

À vrai dire, même s'ils réécrivaient leur politique en termes simples, je ne la lirais toujours pas. S'ils veulent que je suive certaines règles, ils me remettront une brochure intitulée « Informations pour les patients ». Cette brochure doit être rédigée dans un langage simple pour que je puisse la comprendre, tandis que les politiques sous-jacentes peuvent être aussi techniques que nécessaire.

L'important est que les médecins spécialistes soient tous d'accord sur la signification de la politique. S'ils sont d'accord sur ce qu'elle signifie, ils peuvent l'expliquer aux autres.

En revanche, s'ils ne sont pas tous d'accord sur ce que cela signifie, alors nous avons un problème auquel il faut prêter attention ! Ce problème doit être résolu avant d'aller plus loin.

Lors de la rédaction d'une déclaration de politique, il est déjà difficile d'obtenir un accord parmi les experts dans un secteur spécifique. Bien trop souvent, si vous creusez un peu, vous découvrirez que les experts d'une organisation ne sont pas tous d'accord entre eux sur la signification de la déclaration de politique. Cette situation peut vite amener au bord du gouffre.

Si vous êtes capable de parvenir à une compréhension simple et générale d'un texte donné par les experts, vous avez fait de votre mieux. Il est onéreux et inutile d'imposer aux non-experts l'obligation de le comprendre. **Fournissez aux non-experts de bons documents d'orientation et ils n'auront jamais besoin de lire les instruments de politique.** Les orientations leur indiqueront tout ce dont ils ont besoin de connaître.

Gardez la politique dans votre poche arrière

Un instrument de politique est comme une ossature murale plutôt que le mur lui-même. Il soutient le mur, mais il ne devrait pas être visible lorsque vous entrez dans la pièce.

Si les orientations sont bien rédigées, la plupart des gens n'auront jamais besoin de voir l'autorité. La seule fois où nous aurons besoin de produire l'instrument de politique proprement dit, ce sera lors d'une vérification en cas de problème. Comme avec un dictionnaire, nous pourrions nous y référer en cas de besoin.

Exceptionnellement, quelqu'un pourrait venir vous voir pour contester une déclaration contenue dans le guide d'orientation. Ils pourraient être contrariés, par exemple, par le fait que leur manuel du bureau indique qu'ils ne peuvent pas mâcher de chewing-gum lorsqu'ils travaillent au guichet. Ils déboulent alors dans votre bureau en criant : « Montrez-moi ! Montrez-moi où s'est écrit dans la politique ! »

Dans ces cas-là, vous êtes préparé. Vous mettez calmement la main dans votre poche arrière, au sens figuré, et sortez l'instrument de politique. Vous pointez du doigt la déclaration appropriée et vous dites doucement : « Vous voyez juste ici ? Où il est écrit « pas de substances masticatoires » ? « Ça veut dire chewing-gum. »

En dehors de cette situation, la plupart des gens n'ont jamais besoin de lire la politique courante, et encore moins de la comprendre.

Résumé

1. Si on leur donne le choix, 99 % des personnes de votre organisation ne liront jamais votre politique sur les trombones.

2. Habituez-vous. Cela ne va pas changer.

3. Ce n'est pas une mauvaise chose en soi.

Chapitre 4

ORGANISATION DES AUTORITÉS

Vos règles individuelles doivent être regroupées et organisées en une variété d'instruments politiques. Examinons la meilleure façon de procéder.

Intitulé des instruments

Il existe une multitude de manière de nommer ces documents notamment :

+ Les autorités
+ Le catalogue
+ Les clés
+ Le code
+ Les directives
+ L'exigence
+ Le guide
+ Les instructions
+ Les lignes directrices
+ Le manuel

+ La matrice
+ La norme
+ L'obligation
+ Les orientations
+ La politique
+ Le protocole
+ La réglementation
+ Les règles
+ Le schéma
+ Les spécifications

Les nuances qui différencient ces types d'instruments peuvent être subtiles, mais ce n'est pas vraiment un problème pour la plupart des organisations car elles n'ont pas besoin de distinguer les instruments à ce niveau de granularité.

L'organisation internationale de normalisation (ISO) approuve des définitions spécifiques pour les termes « politique », « procédure » et autres documents similaires, mais si votre organisation n'utilise pas la terminologie conformément à ces définitions, je dormirais quand même sur mes deux oreilles.

Le titre « norme » est réservé aux documents de nature spécifique. Nous les examinerons au chapitre 9.

Le titre « code » implique que le document est complet, parce qu'on a essayé de rassembler toutes les règles relatives à ce sujet dans un seul document, par exemple, un « code du bâtiment » ou un « code de conduite ». (Nous examinerons les codes de conduite au chapitre 10).

C'est à vous de décider si un « protocole » désigne une autorité ou un document d'orientation dans votre organisation. Ce qui importe, c'est que **tous les documents portant le même titre appartiennent au même groupe**. Si la « directive sur la passation de marchés » est une autorité mais que la « directive sur l'embauche » n'est qu'un document d'orientation, il y aura beaucoup de confusion. Ce qui est important ici, c'est la cohérence interne.

Certaines organisations attribuent des titres spécifiques aux documents en fonction des différents publics auxquels ils s'adressent. Par exemple, « la politique » peut désigner une autorité destinée à la haute direction, tandis qu'une « directive » s'adresse aux simples employés.

Faites ce qui vous convient, mais conservez toujours la distinction entre autorité et orientation. Un document est l'un ou l'autre : soit (1) il fixe des règles, soit (2) il réaffirme ou explique des règles. **Un même document ne peut contenir des déclarations qui appartiennent à des groupes différents.**

Une politique ou plusieurs ?

Voulons-nous avoir une seule grande politique ou plusieurs petites ? J'entends souvent débattre de cette question lors des étapes de planification.

D'un côté, certaines personnes veulent un seul tome totalement complet contenant toutes les déclarations pertinentes sur un sujet particulier et ne s'inquiètent pas du fait qu'il puisse finir par être extrêmement long et potentiellement trop compliqué, car au moins il rassemblera toutes les exigences relatives à un sujet donné en un seul endroit et vous les donnera d'un seul coup, comme cette phrase.

En revanche, certaines personnes ne le font pas. Elles aiment diviser le contenu. Ils préfèrent les documents multiples. Chaque document a son propre sujet. Chacun est court. Chacun est facile à lire.

Quelle est la meilleure approche ?

Applicabilité et mise en œuvre

Lorsqu'il s'agit d'interprétation, d'applicabilité et de mise en œuvre, la question n'est pas pertinente. Elle est totalement hors sujet.

Une vieille blague raconte qu'un client commande une tarte aux cerises. Avant de la mettre en boîte, le boulanger demande au client si elle doit être coupée en six ou en huit morceaux. Le client répond, « six morceaux, s'il vous plaît. Je serais incapable d'en manger huit ! ».

Le plus important est que nos documents de politique soient cohérents, intégrés et structurés de manière uniforme, que les différentes déclarations de politique n'entrent pas en conflit les unes avec les autres, que nous ayons éliminé les doubles emplois et atteint la clarté et la concision. Ce sont tous de bons objectifs.

Au bout du compte, il se peut que nous ayons 400 déclarations de politique uniques. Même si nous regroupions ces 400 déclarations dans un, deux ou 100 documents cela ne changerait rien au fait que nous avons toujours 400 déclarations. Il est possible d'avoir 400 documents distincts, chacun contenant une déclaration et garder exactement le même régime politique.

Le nombre de documents n'a aucune influence sur votre capacité à appliquer ou à faire appliquer les dispositions. Toutefois, il a une incidence sur d'autres aspects du processus d'élaboration des politiques.

Approbation de la politique

Lorsqu'il s'agit de soumettre la politique à un processus d'approbation, il n'y a pas de doute : **le processus d'approbation est d'autant plus long que l'instrument de politique est volumineux.** Le plus il y a de déclarations dans le document, le plus il sera possible de s'y opposer.

Les documents plus courts vous offrent une certaine souplesse au cours du processus d'approbation. Si vous répartissez vos déclarations de politique en dix documents et qu'une d'entre elles pose un problème, les neuf autres peuvent continuer à avancer pendant que vous résolvez le problème.

Organisez ce qui vous convient. Certains textes de loi, comme la Loi de l'impôt sur le revenu, comportent des milliers de paragraphes et de sous-paragraphes. Certaines lois ne contiennent qu'une seule disposition de base. De la même manière, il n'y a aucune raison pour qu'une politique organisationnelle ne puisse pas être composée d'une seule règle.

Permettez-moi de poser la question de la manière suivante : si nous savons qu'un point particulier est susceptible de constituer une pierre d'achoppement pour le comité d'approbation souhaitons-nous que ce point fasse obstacle à l'ensemble de la politique, ou seulement à une partie de celle-ci ?

Dans ce cas, je privilégie toujours l'approche fragmentaire.

Naviguer dans la politique

La stratégie que vous adopterez pour diviser les déclarations de politique en différents documents aura une incidence sur la possibilité de les découvrir. La question est tout à fait pratique : ceux qui les utiliseront, principalement des experts, pourront-ils trouver ce qu'ils cherchent ?

Si vous avez 400 déclarations, vous voudrez mettre en place un système permettant de repérer des sections spécifiques, quel que soit le nombre de documents dans lesquels elles sont dispersées.

Le souci le plus important concerne la nature des outils de navigation dont vous avez besoin pour donner accès aux instruments de politique. Ces outils doivent permettre de localiser les bonnes sections le plus rapidement possible.

Abandonner le modèle « document »

Sur le lieu de travail d'aujourd'hui, où la plupart des informations sont disponibles par voie électronique, le concept d'organisation des déclarations de politique dans des « documents » est quelque peu anachronique. Un seul instrument de politique de 20 déclarations peut tout aussi bien être affiché sur cinq pages Web différentes comportant chacune quatre déclarations plutôt que sur une seule et même page.

Certaines organisations ont complètement abandonné « les documents de politique », préférant une **base de données comme format pour les déclarations de politique**. Ces dernières sont approuvées à différents moments et ajoutées à la base de données le cas échéant. En effet, elle facilite les recherches de ceux qui ont besoin d'informations spécifiques.

Si l'explication d'un terme peut apparaître dans une fenêtre contextuelle, le lecteur ne se soucie pas vraiment de savoir si cette définition constitue une partie de la politique d'origine, ou d'une autre d'ailleurs. Il ne s'intéresse pas non plus à la question de savoir si elle provient d'une politique ou si elle est proposée tout simplement pour aider.

Résumé

La façon dont les déclarations sont regroupées lorsqu'elles sont soumises à l'organisme d'approbation n'a aucune importance pour le lecteur. Présenter des projets concernant des déclarations de politique à un responsable pour approbation et rendre des déclarations déjà approuvées accessibles pour qu'on puisse les retrouver, sont des activités distinctes.

Comment écrire des règles qui donnent envie d'être suivies

Chapitre 5

DÉCLARATIONS DE POLITIQUE

Au chapitre 2, j'ai expliqué sommairement des termes, en décrivant une politique comme une décision et une déclaration de politique comme un moyen pour exposer cette décision.

Il est temps de clarifier quel type de décision constitue une décision politique.

Compétence décisionnelle

Comme nous l'avons vu dans un chapitre précédent, lorsqu'une personne ou un groupe au pouvoir approuvent un document de politique, les décisions lors de cette approbation relèvent implicitement de la compétence du responsable de la politique.

La plupart des gens reconnaissent ce problème dans les cas les plus évidents, mais ne le repèrent pas quand il s'agit de situations plus subtiles.

Juridiction géographique

Commençons par un cas de tout évidence ridicule, pour souligner ce point.

Imaginons que le gouvernement de la Grand-Bretagne approuve la politique dans le panneau 9.

Panneau 9

Les personnes habitant en Suisse doivent porter des bonnets la nuit.

C'est absurde, bien sûr. Le gouvernement d'une nation n'a évidemment aucune autorité légale pour établir des règles contraignantes pour les individus d'une autre nation. Dans le vocabulaire législatif, nous dirions que la réglementation du port du bonnet en Suisse ne relève pas de la compétence du gouvernement britannique.

Si quelqu'un a des doutes sur notre capacité à déterminer les limites de l'autorité, nous pourrions défendre notre position en identifiant l'organisme spécifique qui a la **compétence** d'établir ces règles s'il le souhaite, c'est à dire le gouvernement de la Confédération Helvétique.

Un mot sur le caractère exécutoire

Vous pourriez protester en disant que la politique des chapeaux en Suisse est inapplicable, mais avant de rejeter une règle sur cette base, il serait sage de répondre à deux questions.

Tout d'abord, **qu'est ce qui, exactement, ne peut pas être applicable ?**

L' « inapplicabilité » d'une règle n'est pas un état objectivement mesurable ; il s'agit plutôt d'une conclusion à laquelle on arrive après avoir évalué les circonstances.

Trop souvent, les règles sont immédiatement rejetées comme « inapplicables » dès que quelqu'un souligne l'un des inconvénients suivants :

+ Les infractions sont difficiles à détecter.
+ Les infractions sont difficiles à prouver.
+ Les infractions sont difficilement attribuables à une source spécifique.
+ Les preuves de l'infraction sont à durée limitée ou transitoires.
+ Les mécanismes d'application ne sont pas disponibles.
+ Les mécanismes d'application sont inefficaces.
+ Les mécanismes d'application sont trop coûteux.
+ La mise en vigueur intervient trop tard dans le processus pour éviter les dommages.

Si vous voulez rejeter la règle du panneau 9 comme étant inapplicable, vous devez définir **exactement** ce que vous pensez être l'obstacle. Ce n'est pas simplement de se dire que la Grande-Bretagne ne peut pas faire appliquer une loi en Suisse, car les organismes britanniques et suisses qui gèrent la loi coopèrent très bien lorsqu'il est nécessaire.

Même si vous constatez qu'une ou plusieurs des conditions ci-dessus mentionnées sont présentes dans la situation à laquelle vous êtes confronté, cela ne signifie pas qu'il faut mettre fin à la discussion. Il existe des solutions de remplacement.

La deuxième question est la suivante : **l'inapplicabilité en soi invalide-t-elle la règle ?**

Prenons, par exemple, la première raison citée ci-dessus, c'est à dire les infractions sont difficiles à détecter. L'espionnage de haute technologie est illégal malgré les difficultés de détection existantes. Personne ne préconise que cette loi soit abolie tant que nous n'aurons pas trouvé un moyen plus simple de démasquer les espions. Même si les infractions sont difficiles à détecter aujourd'hui, elles pourraient ne plus l'être demain. La loi est donc maintenue, malgré les difficultés potentielles d'application.

Pendant des décennies, les gouvernements ont résisté à l'adoption de lois visant à contrôler le tabagisme dans les bureaux, les restaurants et les lieux publics, et ont toujours avancé l'excuse que ces lois auraient été « inapplicables ». Pourtant, aujourd'hui, ces lois existent dans de nombreux pays. Pourquoi ce changement ? Ce n'est pas dû à des progrès extraordinaires dans notre capacité à détecter la fumée ou à appliquer les lois. Le seul changement est intervenu dans l'attitude des gens.

Le point essentiel est que la détermination de la compétence est indépendante des questions relatives à l'applicabilité.

Évaluation de la compétence

La géographie impose des limites claires à la compétence d'un organisme décisionnaire.

D'autres limites à la compétence décisionnelle peuvent ne pas être aussi évidentes. Le panneau 10 montre une déclaration tirée de la politique de l'emploi d'une organisation.

Panneau 10

Il est interdit aux employés de consommer des substances illicites.

Cette déclaration n'a pas sa place dans une politique de l'emploi d'une organisation, ni dans aucune autre politique, d'ailleurs.

Il est déjà interdit aux employés de consommer des produits illicites, par définition. Lorsque les lois gouvernementales interdisent l'utilisation d'une substance, une organisation soumise à ces lois ne peut pas vraiment avoir des règles qui les contredisent.

La légalité des drogues relève de la compétence du gouvernement et, sauf s'il a délégué des pouvoirs particuliers à votre organisation pour prendre des décisions à cet égard, votre organisme n'a pas son mot à dire. Le responsable qui approuve cette déclaration dans une politique de l'emploi prétend ainsi prendre une décision qui ne relève pas de sa compétence.

Une déclaration réaffirmant une loi ou une vérité existante n'est pas une décision politique. Elle doit figurer dans les orientations.

Retour à l'essentiel

Certaines organisations défendent l'inclusion d'une déclaration sur les substances illégales dans leur propre politique. Même lorsqu'une règle ne relève pas de leur décision, elles aiment répéter des lois et des faits existants dans leurs politiques pour en souligner l'existence ou l'importance.

Cette approche peut sembler utile, mais à quel prix ?

Vous souvenez-vous de la distinction que nous avons faite au début ? **Les autorités établissent des règles ; les**

orientations les réaffirment. Le fait de « rappeler » à quelqu'un l'existence d'une loi ou d'un fait relève du processus d'éducation. Nous ne rédigeons pas de politiques dans le but d'éduquer les autres, mais nous formulons plutôt des orientations à ce fin ; **nous élaborons des politiques pour fixer des règles** non encore existantes. L'intégration de matériel éducatif dans vos politiques a pour effet de brouiller la frontière entre autorité et conseils.

Le processus d'élaboration d'une politique prend déjà suffisamment de temps, sans que quelqu'un vienne rajouter du travail inutile. Les déclarations éducatives ne servent qu'à diluer les politiques avec du matériel qui n'a pas besoin d'être rédigé, considéré, consulté, approuvé, maintenu ... et ainsi de suite. Déplacer ces déclarations vers les orientations permet de gagner du temps à chaque étape et de désépaissir le document.

Reformulation de la législation

Ce principe de rédaction s'applique à toutes les déclarations qui ne font que réaffirmer une loi existante. Chacun des exemples du panneau 11 a peu de valeur en tant que décision politique.

Panneau 11

Les employés doivent manipuler toute matière dangereuse conformément aux lois et réglementations en vigueur.

Tous les documents sont soumis à la législation applicable en matière d'accès à l'information et de confidentialité.

Toutes les embauches doivent respecter le cadre de la CDAPH (commission des droits et de l'autonomie des personnes handicapées)

Dans chacun de ces exemples, **la déclaration est vraie, même lorsque l'organisation ne l'ajoute pas à une politique**. Elle ne sera pas plus véridique en apparaissant deux fois.

Les instruments de politique de l'organisation perdent leur intégrité lorsqu'ils donnent l'impression que les décisions des autres sont les leurs. L'organisation n'a pas pris les décisions qui apparaissent sur le panneau 11. En plaçant ces déclarations dans des instruments de politique d'entreprise, **on donne une fausse image de leur auteur**. En effet, on présente à tort ces déclarations comme si elles étaient des décisions d'entreprise.

Cette représentation, non seulement déforme la vérité, mais en plus envoie un message d'autosatisfaction. On a l'impression que l'organisation nous dise : « Nous ne voulons pas que vous vous absteniez de consommer des stupéfiants au travail parce que le gouvernement le dit. Nous voulons que vous le fassiez **parce que nous le décidons**. Si nous vous sanctionnons, ce ne sera pas parce que vous avez enfreint la loi, mais parce que vous nous avez désobéi. »

Toutes les déclarations du type « Les employés doivent respecter la loi » présentent ce même défaut : elles sont vraies, même si votre organisation n'en fait pas une politique.

Sur la base de ce qui a été dit jusqu'à présent, nous pouvons affiner la définition d'une politique comme suit :

Une politique est une décision :

✦ Qui relève de la compétence du responsable de la politique

✦ Qui rend vrai quelque chose qui ne l'est pas encore.

La définition que nous utiliserons à l'avenir sera basée sur ces deux éléments.

Test d'inclusion

La construction « par la présente » est un moyen facile de vérifier chaque proposition de déclaration pour vous aider à déterminer si elle relève de votre compétence.

Puisqu'une déclaration de politique est fausse jusqu'à ce qu'elle soit approuvée, l'**approbation met officiellement en application la déclaration**. L'approbation fonctionne comme un déclencheur, faisant passer le statut de la déclaration de « en attente » à « confirmé ».

Cette promulgation peut être exprimée par le mot « par la présente » ou, selon le contexte, par les expressions « par la présente......confirmé », ou « par la présente.... considéré ».

Prenons l'exemple du panneau 12.

Panneau 12

Les heures de travail sont de 9h00 à 17h00.

En appliquant la formule « par la présente », nous pouvons générer la déclaration du panneau 13.

Panneau 13

Par la présente, nous considérons que les heures de travail sont de 9h00 à 17h00.

Bien sûr, cette formulation semble très formelle et prétentieuse et vous ne l'écririez pas de cette façon. Pourtant, le contenu est exact.

Comparez cela avec la déclaration de la politique de l'emploi dans le panneau 10, qui est reprise pour votre commodité dans le panneau 14.

Panneau 14

Il est interdit aux employés de consommer des substances illicites.

En appliquant la formule « par la présente », cette déclaration s'étend à celle du panneau 15.

Panneau 15

Par la présente, nous vous informons qu'il est interdit aux employés de consommer des substances illicites.

Dans ce cas, ce n'est pas seulement la prétention qui est répréhensible. La déclaration est factuellement inexacte. La politique ne met pas en place cette règle ; elle a déjà été mise en place ailleurs. Si la déclaration ne peut pas être considérée comme de type « par la présente », alors il ne s'agit pas d'une décision. Le « par la présente » dans le panneau 15 ne fait qu'accentuer le problème, le rendant plus visible.

S'appuyer sur une loi

Je ne suggère pas que les questions couvertes par la législation soient hors de portée. Une déclaration de politique valable peut soit **développer** soit **venir en complément** d'une loi existante

Supposons, par exemple, une municipalité dont le règlement limite la vitesse des véhicules à moteur à 55 km/h sur les grands axes routiers. Par souci de responsabilité, une entreprise possédant une flotte de camions approuve la politique présentée dans le panneau 16.

Panneau 16

> Les conducteurs de l'entreprise qui effectuent des livraisons ne doivent pas dépasser la vitesse de 40 km/h.

Cette politique d'entreprise ne réaffirme ni ne contredit le règlement ; elle impose plutôt une restriction supplémentaire. La politique est valable tant que le règlement n'interdit pas ce type de restriction. L'appartenance de la politique est encore représentée de manière exacte : la compagnie est propriétaire de la déclaration contenant la limitation de vitesse plus restrictive.

Résumé

Lorsque vos politiques ne contiennent que des déclarations en cours d'adoption par l'organisme approbateur, elles sont plus simples et dépourvues du contenu superflu qui alourdit la plupart des instruments. Vous constaterez que ces documents allégés franchissent les étapes des processus d'élaboration et d'approbation à un rythme beaucoup plus rapide.

Nous allons maintenant nous pencher sur un aspect auquel on accorde bien trop peu d'attention dans la rédaction de politiques : le ton.

Comment écrire des règles qui donnent envie d'être suivies

Chapitre 6

PROMOUVOIR LE RESPECT

Je ne plaisante pas. À la clinique où travaille mon médecin, un panneau est accroché au mur, à côté de la réception, et lance l'avertissement suivant :

LES COMPORTEMENTS GROSSIERS ET AGRESSIFS NE SONT PAS TOLÉRÉS

Le cas échéant, il vous sera demandé de quitter les lieux. Sans coopération de votre part, nous serons contraints de prévenir les autorités compétentes.
Aucune exception ne sera faite !

Assis dans la salle d'attente, vous ne pouvez pas vous empêcher de penser : « Vraiment ? Que se passe-t-il dans cet endroit pour qu'ils aient besoin de parler aux patients de cette façon ? »

Les réceptionnistes elles-mêmes sont plutôt agréables. Je me sens mal à l'aise pour elles parce que le panneau se situe au-dessus de leurs têtes, suggérant qu'elles sont prêtes à bondir sur vous au moindre faux pas. Beaucoup de personnes sont déjà nerveuses lorsqu'elles entrent dans un cabinet médical, et ce panneau dans la salle d'attente ne les apaise pas.

Mon médecin s'excuse. Le panneau a été posé par le propriétaire de la clinique, cela est donc indépendant de sa volonté. J'ai personnellement évoqué le problème avec le superviseur de la clinique, mais même après trois ans, le panneau est toujours là.

Comme nous l'avons mentionné dans l'introduction de ce livre, de nombreuses organisations affirment que le « respect des autres » est une valeur fondamentale. Dans le cas présent, l'on pourrait dire que « le cordonnier a un beau discours mais est-il vraiment le mieux chaussé ? »

Comparez les déclarations A et B des panneaux 17 et 18.

Panneau 17

A) Tous les employés doivent commencer à travailler chaque jour à 9 heures et quitter le bureau au plus tôt à 17 heures.

B) Les heures de travail sont de 9h00 à 17h00.

Panneau 18

A) Les employés doivent soumettre leurs demandes de vacances au moins une semaine à l'avance. Toute demande non soumise à temps pourra être refusée.

B) Les demandes de vacances sont prises en compte lorsqu'elles sont soumises au moins une semaine à l'avance.

Pouvez-vous entendre la différence dans le ton entre les déclarations A et B ?

Dans chaque exemple, la déclaration B exige la même action que la déclaration A de la part de l'employé mais elle ne semble pas aussi dictatoriale.

Pourquoi la déclaration de type A est-elle si courante ?

Comme nous l'avons mentionné dans l'introduction, le fait de dicter des règles sur le ton « je suis le responsable et vous allez m'obéir ! » est le produit d'une époque révolue, où les structures organisationnelles de type « commander et contrôler » étaient considérées comme l'approche optimale pour obtenir l'engagement des employés.

Autrefois, ce ton autoritaire était la norme dans les communications entre la haute direction et les simples employés. Les patrons parlaient ainsi et écrivaient de la même façon. Ce langage et ce style ne faisaient jamais sourciller ; ils étaient considérés comme évidents.

Aujourd'hui, les choses sont différentes. Le lieu de travail n'est plus l'autocratie de commandement et de contrôle comme à l'époque. Le lieu de travail d'aujourd'hui est un environnement collaboratif, consensuel et respectueux de la diversité. Il est égalitaire et non discriminatoire, et les employeurs s'efforcent de créer et de maintenir une culture du respect.

Dans le contexte de cette nouvelle culture, les managers progressistes ont appris à communiquer de manière plus courtoise avec les employés. Même les professionnels qui utilisent un langage excessivement autoritaire dans leurs politiques écrites n'utilisent pas la même formulation lorsqu'ils s'adressent directement aux autres membres de l'organisation.

Résultat d'une mauvaise expérience

Il est facile de lire entre les lignes dans les deux déclarations « A » ci-dessus. Cette organisation a manifestement eu des expériences difficiles avec des personnes qui n'ont pas respecté les heures de bureau prescrites et ont négligé la période de préavis requise pour présenter des demandes de congés.

Examinez les exemples « A » et essayez de détecter les sous-entendus émotionnels de la formulation. Elles sont subtiles, mais clairement perceptibles. Essayez d'imaginer que quelqu'un prononce ces mots à voix haute et écoutez attentivement le ton de sa voix.

Il est clair que le bureau qui a produit la première déclaration de chaque paire connaît un problème de respect des règles. De plus, il semble que les personnes travaillant dans ce bureau soient frustrées par ce problème et fatiguées de rappeler la politique aux autres.

Nous le comprenons, nous sommes tous passés par là. Nous avons tous fait l'expérience de gérer une politique que quelqu'un ne suit pas pour une raison ou une autre.

Mais le reste du monde n'a pas besoin de le savoir. Si vos politiques sont bien rédigées, vous aurez l'air de savoir ce que vous faites. Si la formulation de vos politiques expose vos problèmes de respect des règles, vous dévoilerez beaucoup plus de choses que nécessaire.

Nous ignorons le contexte. L'organisation pourrait être confrontée à des problèmes de respect des règles. Il est également possible que quelqu'un ressente le besoin de faire des déclarations dictatoriales pour renforcer la hiérarchie au sein du bureau. Ou peut-être que les employés demandent toujours des dérogations et que le rédacteur est fatigué de dire non à chaque fois. Quelqu'un est frustré, ou fatigué, ou sous l'emprise d'un excès de pouvoir, ou tout cela à la fois, et ces émotions se reflètent dans l'écriture.

Demandez-vous si c'est le visage de votre organisation que vous voulez que les personnes extérieures perçoivent. Ne serait-il pas préférable que les déclarations de politique soient émotionnellement neutres ?

Messages non intentionnels

Les messages non intentionnels sont transmis par des sous-entendus, cachés entre les lignes. Il peut s'agir de messages négatifs, comme ceux-ci :

+ Nous sommes rigides.
+ Nous nous moquons de ce qui peut être gênant pour vous.
+ Nous nous attendons à l'obéissance.
+ Nous vous surveillons.

Ou des messages positifs, comme ceux-ci :

+ Nous sommes flexibles.
+ Nous reconnaissons que c'est difficile.
+ Nous apprécions votre coopération.
+ Nous vous faisons confiance pour prendre les bonnes décisions.

En tant que personne ou organisation à l'origine de la politique, il vous est difficile de voir les sous-entendus de vos propres écrits. La perspective de votre manière d'interpréter s'en trouve décalée, se focalisant davantage sur le contenu plutôt que sur le style. Comme pour une pièce de théâtre, vous ne pouvez pas la voir correctement si vous êtes sur la scène.

Lorsque vous observez une interprétation du point de vue d'une personne soumise à la politique, les messages deviennent plus forts.

Prenons l'exemple du panneau 19.

Panneau 19

Tous les employés doivent toujours s'enregistrer à la réception dès leur arrivée.

Si la politique avait été rédigée de manière concise, elle aurait ressemblé à celle du panneau 20.

Panneau 20

Les employés sont enregistrés à la réception dès leur arrivée.

Alors pourquoi ces mots supplémentaires « tous », « doivent » et « toujours » dans le panneau 19 ? Certains auteurs affirment que ces mots rendent la déclaration plus claire. Peut-être, mais en réalité, ils vont plus loin que cela. Puisqu'ils sont superflus, ils sont chargés de messages cachés.

« tous »

Le mot « tous » est implicite ; sans lui, la déclaration a la même signification. Son inclusion délibérée ici révèle un sentiment sous-jacent spécifique, du genre « Nous ne nous soucions pas des situations de chacun ».

« doivent »

Le mot « doivent » est exagéré ; c'est comme gifler quelqu'un sur son visage. Son inclusion ici dit : « Oui, c'est obligatoire. Vous devez nous obéir. »

« toujours »

Le mot « toujours » est un autre terme qui est chargé en signification. Une fois de plus, la déclaration aurait le même sens sans lui. Son inclusion ici dit : « nous ne sommes pas flexibles. N'imaginez pas que nous allons faire une exception. »

À moins qu'il ne s'agisse de ces messages que vous souhaitez vraiment faire passer, il serait préférable de réécrire votre déclaration de politique.

Déclarations de politique bien formulées

On trouve l'archétype de la déclaration de politique dans le panneau 21.

Panneau 21

Les heures d'ouverture sont de 9 h 00 à 17 h 00.

Il s'agit d'une phrase déclarative au présent. Elle décrit, d'une voix neutre, la façon dont les choses se déroulent. Il s'agit ici de « la façon dont nous fonctionnons. »

Le verbe au présent dans les déclarations de politique est bien choisi car il peut être utilisé pour compléter une phrase commençant par « Notre politique stipule que... », comme dans le panneau 22.

Panneau 22

Notre politique stipule que les heures d'ouverture sont de 9 h 00 à 17 h 00.

La déclaration, telle qu'elle est formulée, suppose que les employés feront le nécessaire pour la mettre en pratique. Elle est fondée sur la bonne foi des personnes auxquelles elle s'adresse et, à première vue, elle ne semble pas oppressive ou conflictuelle.

Comparé à la déclaration du panneau 21, le langage du panneau 19 semble particulièrement dictatorial, presque combatif. C'est comme si la direction s'attendait à ce que certaines personnes ne respectent pas les règles et formulait ses politiques de manière à traiter cette éventualité de manière préventive.

En général, les phrases simples et déclaratives constituent les meilleures déclarations de politique, comme dans les exemples du panneau 23.

Panneau 23

Une période de tolérance de dix minutes est accordée pour les rendez-vous.

Les visiteurs sont escortés lorsqu'ils se trouvent dans nos locaux.

Chaque personne change ses mots de passe informatiques tous les trois mois.

Chaque déclaration est présentée comme une vérité actuelle, une simple description de l'aspect des choses lorsqu'elles sont bien faites.

Les règles les plus strictes

Certaines personnes affirment que cette approche plus respectueuse ne fonctionnera pas dans leur organisation. Ils prétendent que des problèmes de respect des règles ou leur culture d'entreprise les obligent à être stricts. Ils pensent qu'ils n'ont pas d'autre choix que de commencer les règles par des phrases comme « tous les employés doivent toujours », de peur que ces derniers ne les prennent pas au sérieux.

Cette affirmation confond la notion d'être strict avec celle d'être dictatorial. Nous pouvons en apprendre davantage sur cette différence à partir du monde du droit pénal, où les règles sont à la fois strictes et respectueuses.

Je me permettrais de dire que les lois les plus strictes que l'on trouve dans les démocraties partout dans le monde sont les lois criminelles ou pénales. L'agression d'un individu, par exemple, n'est pas tolérée dans ces pays, et chacun d'entre eux a des lois à ce sujet. Pourtant, aucune n'est formulée comme dans les exemples du panneau 24.

Panneau 24

Tout individu doit toujours s'abstenir d'agresser qui que ce soit.

L'agression d'autrui n'est pas tolérée.

Il est strictement interdit de s'agresser mutuellement. Aucune exception ne sera faite !

Les lois ne sont pas formulées de cette façon. En fait, une grande majorité de pays parviennent à rédiger des interdictions absolues pour toutes sortes d'activités sans jamais utiliser des termes tels que « doit », « devrait », « jamais », etc.

Au lieu de cela, ils utilisent une série de déclarations simples, formulées au présent. (Quelques juridictions utilisent le temps au futur afin de pouvoir séquencer la déclaration de crime pour qu'elle ait lieu après l'action qui a causé le problème).

Le code pénal du Texas, par exemple, interdit les agressions en utilisant le langage défini dans le panneau 25.

Panneau 25

« Une personne commet un délit si elle :

(1) cause intentionnellement, sciemment ou par imprudence des blessures corporelles à une autre personne... »

D'autres juridictions divisent l'énoncé en deux parties : une partie pour définir le terme « agression » et une partie pour l'interdire. Le code pénal de l'État de New York commence par expliquer les différentes classes de délits. Ensuite, il définit les actions qui constituent une agression.

Lorsqu'il s'agit d'interdire ces actions, la règle est rédigée comme indiqué dans le panneau 26.

Panneau 26

« L'agression au premier degré est un crime de classe B. »

C'est simple et direct, pas dictatorial ou agressif.

De même, la formulation du Code criminel du Canada est présentée dans le panneau 27.

Panneau 27

« Quiconque commet une agression est coupable [...]

(a) d'un acte criminel et est passible d'un emprisonnement maximal de cinq ans ... »

La manière de formuler la Code pénal de la France est présentée dans le panneau 28.

Panneau 28

« Le délaissement qui a provoqué la mort est puni de vingt ans de réclusion criminelle. »

Les crimes interdits par les différents codes pénaux vont de délits mineurs, comme cracher en public, aux plus graves, comme le meurtre, la trahison et l'enlèvement. Pourtant, elles sont toutes rédigées sur le même ton réaliste.

En d'autres termes, nous sommes dans une situation où les lois les plus strictes, pour les crimes les plus odieux du

pays, sont rédigées dans un langage plus respectueux que les politiques émanant de la plupart des organisations.

En fait, si vous deviez juger uniquement sur le ton employé, vous seriez tenté de penser que le meurtre de votre patron n'est pas une infraction aussi grave que de ne pas remplacer la cartouche de toner vide de la photocopieuse.

Il est clair que l'argument selon lequel la rigueur exige des déclarations formulées de manière dictatoriale ne tient pas la route. La vérité est que beaucoup de personnes ne considèrent tout simplement pas la courtoisie comme un style pour rédiger des règles.

Cela peut demander un peu d'entraînement, mais une fois que vous aurez pris l'habitude de le faire, vous constaterez que les gens réagissent beaucoup mieux qu'avec le style traditionnel qui consiste à donner des ordres.

Les déclarations qui font de la micro-gestion

Les déclarations de politique ont aussi une autre manière de se doter d'un ton parental, grâce à l'utilisation de la micro-gestion dans les activités.

Je suis sûr que vous avez vu de nombreux exemples de déclarations de micro-gestion manifeste, où les rédacteurs sont tellement préoccupés par le processus qu'ils listent chaque étape requise.

Mais souvent, la micro-gestion est plus subtile que cela. Regardez la déclaration du panneau 29.

Panneau 29

Les différents services doivent consacrer du temps, chaque année, à l'examen de leurs budgets d'équipement pour s'assurer qu'ils soient à jour et exacts.

Pouvez-vous voir la micro-gestion ici ?

Le **résultat** que nous recherchons est une sorte de retour annuel de la part des différents services. On peut supposer que nous voulons que ce dernier serve à alimenter un budget consolidé ou des prévisionnels.

Si tel était le cas, la déclaration serait plus claire en demandant **directement ce retour**, à l'instar de la déclaration du panneau 30.

Panneau 30

Les différents services soumettent chaque année des budgets d'équipement à jour et précis.

Obliger les services à « réserver du temps » pour faire ce travail est superflu. Leur demander de « revoir » le budget en cours avant d'en soumettre un nouveau, c'est tout simplement de la manipulation à outrance.

Rédiger une politique n'est pas la même chose que rédiger une procédure. Le but d'une procédure est de guider le lecteur à travers une série d'étapes. Des instructions telles que « réserver du temps pour... » et « revoir... » sont des étapes typiques qu'une procédure peut inclure. Il n'est pas rare que l'auteur d'une procédure vous prenne par la main lorsque vous la suivez.

Ce n'est pas le cas pour une politique. Si un service de l'entreprise soumettait un rapport et que vous appreniez par la suite qu'il n'avait pas officiellement réservé du temps pour le revoir, considéreriez-vous ce service comme étant en infraction avec la politique ? Bien sûr que non. Cette règle a pour objet d'atteindre un résultat, et non de jouer le rôle de gérant d'estrade.

Une partie du travail du rédacteur de la politique consiste à séparer les éléments essentiels de ceux qui ne le sont pas. Les éléments essentiels appartiennent à la politique parce qu'ils établissent les limites que vous ne souhaitez pas franchir. Les éléments de soutien comme « réserver du temps » et « revoir » ne sont en fait que de bons conseils, et ces conseils ont leur place dans les documents d'orientation.

Un autre exemple de micro-gestion se trouve dans la déclaration du panneau 31.

Panneau 31

Le conseil d'administration formule d'abord la stratégie dans ses grandes lignes, puis passe à une élaboration plus détaillée de cette dernière jusqu'à ce que la question ait été traitée de manière satisfaisante.

Aussi louable soit-elle, cette déclaration n'a pas sa place dans un document de politique. Elle ressemble à une série d'instructions. Le signe révélateur du ton parental est la clause « jusqu'à ce que la question ait été traitée de manière satisfaisante. » (C'est un peu comme si votre mère vous disait que vous ne pouvez pas sortir jouer tant que vous n'avez pas fini vos devoirs, n'est-ce pas ?)

Le panneau 32 illustre un autre exemple, que je rencontre trop souvent.

Panneau 32

Les employés doivent lire, comprendre et signer cette politique.

Cette déclaration est un autre exemple de quelqu'un qui s'inquiète des étapes plutôt que de poursuivre un résultat objectivement définissable. Est-ce que l'on s'attend réellement à voir les employés lire le document ? C'est peu probable. Allons-nous tester les employés sur le contenu pour voir dans quelle mesure ils l'ont réellement compris ? C'est encore moins probable.

Pour formuler correctement cette déclaration, il est important de définir le résultat que nous voulons vraiment. Pour la plupart des employeurs, il s'agirait d'une indication de l'engagement des employés aux obligations définies par le document.

Il est évident qu'avant de s'engager, il faut d'abord lire le document concerné. De plus, si vous lui en donniez l'occasion, une personne raisonnable poserait des questions sur les parties qu'il ne comprend pas. Il est peut-être vrai que le bon sens n'est pas aussi répandu que nous le souhaiterions, mais une déclaration de politique demandant explicitement aux employés de « lire et comprendre avant de signer » revient à les traiter comme des enfants.

Si nous ne vérifions pas les connaissances du document auprès des employés, nous ne saurons pas vraiment quel est leur niveau de compréhension de celui-ci. Leur propre jugement n'est que peu utile, car ce qu'ils comprennent réellement pourrait être totalement différent de ce que nous voulons qu'ils intègrent.

Ce que nous attendons réellement de l'employé dans cette situation, c'est une confirmation de **son intention de se conformer** au document. Cette confirmation peut être fournie de différentes manières, que ce soit par voie orale ou en faisant signer à l'employé une copie du document.

Une meilleure formulation de cette déclaration est présentée dans le panneau 33.

Panneau 33

En apposant votre signature en bas de cette page, vous validez votre engagement et garantissez l'expression de votre volonté à vous conformer aux termes de ce document.

Résumé

Lorsque qu'une personne a besoin de consignes spécifiques afin d'accomplir une tâche, vous pouvez les placer dans vos documents d'orientation.

En effet, dans un document pédagogique ou une procédure, chaque étape apporte de la clarté, alors que dans une politique, elle risque de crée du désordre.

Chapitre 7

SECONDER

Les politiques administratives et opérationnelles sont destinées à susciter certains comportements, dans le but de rendre l'organisation plus performante dans ses activités.

Dans le passé, l'approche consistait à provoquer des comportements en donnant des ordres qui indiquaient à chacun ce qu'il devait ou, plutôt, ce qu'il ne devait pas faire.

Mais aujourd'hui, nous sommes mieux informés. Pour obtenir la coopération des gens, vous devez les laisser participer, et non les commander. Il n'y a aucune raison pour que les déclarations de politique ne contribuent pas à encourager les autres à faire ce qu'il y a de mieux, plutôt que d'être menaçantes.

Transformer les autorisations en invitations

Commençons par quelques exemples simples.

Parfois, une déclaration utilisant le terme « peut » est une invitation ou une offre, mais elle est formulée de manière à constituer une autorisation. Regardez les exemples du panneau 34.

Panneau 34

Les employés peuvent déjeuner sur le patio.

Les employés peuvent placer de petites plantes sur leur bureau.

Dans ces cas, l'organisation fait un geste agréable pour les employés. Mais au lieu d'être formulée de manière à être utile, elle rassemble à une concession. Il est sous-entendu que « nous contrôlons cette activité, mais nous vous en faisons cadeau. Vous pouvez continuer à en profiter aussi longtemps que nous l'autorisons. »

Ne serait-il pas plus agréable de formuler ce texte de manière aimable plutôt que dictatoriale, comme dans le panneau 35 ?

Panneau 35

Les employés sont invités à déjeuner sur le patio.

Les employés sont libres de pouvoir placer de petites plantes sur leur bureau.

Contrôler les autres

Souvent, une organisation est amenée à imposer des restrictions aux autres. Vous pouvez établir une règle concernant une restriction qui sera perçu comme négative, ou alors vous pouvez la transformer en quelque chose de positif et d'utile.

Comme à notre habitude, nous allons examiner un exemple flagrant avant de passer à des situations plus subtiles.

Commençons par la déclaration de politique dans le panneau 36.

Panneau 36

Les autres services ne doivent pas nous envoyer de courrier électronique pendant le week-end.

On peut voir immédiatement que cette déclaration est mal formulée. Il est évident que vous ne pouvez pas contrôler ce que font les employés des autres services. Les responsables de votre politique n'ont pas la compétence nécessaire pour gérer les collaborateurs en dehors de leur propre service.

Mais il y a une signification plus profonde à prendre en considération, je l'ai nommé « le principe du contrôle ». Nous établissons ici des règles pour les adultes. La vérité est que **vous ne pouvez pas contrôler ce que font les autres ; vous ne pouvez contrôler que vous-même. Pour être plus précis, vous pouvez seulement contrôler la façon dont vous réagissez à ce que font les autres.**

La déclaration de politique concernant les périodes d'envoi de courriels serait plus judicieuse si elle était formulée comme dans le panneau 37.

Panneau 37

Notre organisation ne répond pas aux messages électroniques pendant le week-end.

Cette formulation indique clairement que nous pouvons nous contrôler nous-mêmes plutôt que les autres. Vous pouvez nous envoyer des messages tant que vous voulez, mais nous ne les regarderons pas pendant le week-end.

LE PRINCIPE DU CONTRÔLE

Vous ne pouvez pas contrôler ce que font les autres ; vous pouvez seulement contrôler la façon dont vous réagissez à ce qu'ils font.

La règle du panneau 37 est peut-être vraie telle qu'elle est énoncée, mais elle semble un peu punitive. Au lieu d'être reconnaissant que quelqu'un nous fournisse des informations, on dirait qu'il reproche à l'expéditeur de choisir un moment qui ne nous convient pas. Calquée sur le format traditionnel des règles, elle indique ce qu'il ne faut pas faire et les conséquences de la désobéissance.

Une déclaration de politique qui semble plus appréciable et agréable serait formulée comme dans le panneau 38.

Panneau 38

Les messages électroniques reçus pendant le week-end seront traités le lundi matin.

En fin de compte, la routine de notre bureau est la même, mais notre attitude et notre approche de la rédaction des règles ont changé. Nous sommes passés de l'interdiction dans la section 36 à la résistance passive dans la section 37, et enfin à l'être bien assisté dans la section 38.

Les propriétaires de théâtres et d'orchestres symphoniques ont compris ce principe depuis longtemps. Ils n'utilisent pas le format traditionnel des règles,

Si vous faites A, attendez-vous à B.

Sur les billets d'entrée, il n'est pas écrit « Si vous arrivez en retard, vous attendrez devant la porte jusqu'à ce que nous puissions vous placer. » Au lieu de cela, le billet indique quelque chose comme « Les retardataires seront installés dès que possible. »

Cette formulation est courtoise et utile. La conséquence désagréable de l'attente à la porte de derrière n'est pas brandie comme une punition pour désobéissance ; elle est plutôt proposée comme la meilleure chose qu'ils peuvent faire compte tenu des circonstances.

Les propriétaires de théâtre ne peuvent pas vous contrôler, et ils le savent. Ils ne peuvent que contrôler la façon dont ils répondent à ce que vous faites, et leur politique vous indique donc ce que sera cette réponse. En tant qu'adulte, vous décidez par vous-même si vous voulez être à l'heure.

Clarté de la réponse

Le principe du contrôle a de nombreuses implications pour toutes vos déclarations de politique. Les employés sont des adultes, et ils choisiront de suivre ou d'ignorer les règles en fonction de comment ils vont interpréter votre réaction, devant les différentes situations.

Supposons qu'une organisation souhaite que ses employés cessent de porter des shorts et des sandales au travail. Elle élabore une politique avec la déclaration figurant dans le panneau 39.

Panneau 39

Les employés qui traitent avec du public doivent s'habiller de manière appropriée.

La déclaration du panneau 39 est représentative des dispositions que les organisations rédigent lorsqu'elles tentent de contrôler les actions des employés.

Telle qu'elle est formulée, la déclaration est un ordre.

(Remarque : Ne vous laissez pas distraire par le fait que cette déclaration ne précise pas ce que signifie « s'habiller de manière appropriée. » En effet, quelque part, dans une norme ou un document d'orientation, la « tenue appropriée » devra sans doute être décrite plus en détail. L'organisation peut même l'avoir déjà fait. Les règles formulées comme celle du panneau 39 ne sont généralement pas le résultat d'un manque de compréhension des détails du code vestimentaire, mais sont plus souvent une réaction à des personnes qui savent ce que signifie « s'habiller de manière appropriée » mais qui ne le font pas.)

Pour rendre la déclaration plus utile, nous devons comprendre ce que l'organisation fera si un employé ne respecte pas cette règle.

Une organisation ne peut contrôler ni les individus, ni les forces de la nature. Elle ne peut contrôler que sa propre réaction devant une situation. La déclaration du panneau 40 présente une de ces possibilités.

Panneau 40

Les employés seront renvoyés chez eux lorsqu'ils se présentent au travail habillé de manière inappropriée.

Cette déclaration est une décision politique utile. Le responsable de la politique a déterminé spécifiquement les actions que l'organisation entreprendra dans cette situation. Les comportements attendus sont clairs, et nous savons ce qui se passera si le salarié dépasse les bornes.

Les exemples du panneau 41 nous montrent d'autres possibilités.

Panneau 41

Les employés qui ne s'habillent pas de manière appropriée seront limités aux seules tâches du back-office.

Nous appliquons une retenue équivalente à une journée de salaire aux employés qui ne sont pas habillés de manière appropriée.

Lorsqu'un employé se présente au travail dans une tenue inappropriée, cela sera noté sur son dossier.

Si on compare le panneau 39 avec les exemples ci-dessus, il est clair que la mention « doit » ne sert qu'à souligner une relation maître/serviteur : « Vous ferez ceci parce que nous vous le demandons. Ce motif est suffisant. »

Je constate souvent que quand on utilise le mot « doit », c'est précisément parce que l'organisation n'a aucune idée de la manière dont elle va agir lorsqu'elle sera confrontée au problème.

On pourrait appeler cette approche « les conséquences par embuscade. » L'organisation espère pouvoir éviter de prendre une décision sur les conséquences jusqu'à ce qu'elle y soit forcée ; ainsi, en attendant, elle circonscrit le problème en utilisant le terme « doit. » Cette approche est effectivement une technique de contournement. (Cela me rappelle ma grand-mère, qui disait « tu ferais mieux de m'écouter et de ne pas me pousser à bout, parce que tu ne sais pas ce que je vais faire autrement ! »).

Il ne s'agit pas de suggérer que chaque déclaration de politique doit absolument parler des conséquences. La déclaration du panneau 42 représente une bonne solution malgré l'absence explicite des potentielles conséquences dans la phrase.

Panneau 42

L'entreprise considère que les livreurs sont prêts et aptes à travailler lorsqu'ils :

+ Arrivent au plus tard à 8 heures du matin
+ Ne sont pas sous l'influence d'une substance stupéfiante ou d'un médicament
+ Sont en possession de leur permis de conduire.

Cette affirmation dans le panneau 42 fonctionne parce qu'elle trace une ligne de démarcation. Pour compléter le tableau, nous aurions besoin dans notre documentation d'une déclaration supplémentaire concernant les implications liées au fait de ne pas être « prêt et apte à travailler. ».

Résumé

Si vous ne voulez retenir qu'une seule chose de la lecture de ce livre, j'espère que ce sera « le principe du contrôle » : vous ne pouvez pas contrôler ce que font les autres ; vous pouvez seulement contrôler la façon dont vous réagissez à ce qu'ils font.

Chapitre 8

DEVOIR, POUVOIR ET FALLOIR

Malgré leur omniprésence dans les instruments de politique, ces termes sont désuets. Ils présentent deux défauts majeurs : (1) ils sont **lourds** et (2) ils **manquent de clarté**.

1. Lourdeur des termes

Les termes « devoir », « pouvoir » et « falloir » sont tous issus d'une dynamique parent/enfant[2]. Ils expriment tous le même sous-entendu : « N'oubliez pas que c'est nous qui commandons ».

« Devoir » est un ordre. « Vous ferez ceci car nous vous le disons »

« Pouvoir » est une autorisation. « Nous, dans notre bienveillance, vous accordons la permission de faire ceci. »

« Falloir » est une concession. « Même si nous pourrions rendre cela obligatoire, nous nous contentons de le recommander. »

Ces trois termes renforcent et soulignent l'hypothèse selon laquelle deux groupes d'intérêts différents sont impliqués :

---

[2]Ces termes sont issus de l'analyse transactionnelle. Pour une explication simple des dynamiques parent/enfant et adulte/adulte, consultez le livre de Eric Berne « Des jeux et des hommes ».

ceux qui établissent les règles et ceux qui les suivent. Cette hypothèse est capable de diviser et de faire obstacle à un environnement de travail fondé sur la collaboration.

Prenons l'exemple du panneau 43.

Panneau 43

Les employés ne doivent pas se garer dans la voie réservée aux pompiers derrière le bâtiment.

Cette déclaration segmente inutilement le personnel. En vérité, personne n'est autorisé à stationner dans la voie réservée aux pompiers en dehors des véhicules d'urgence, y compris la direction.

Une formulation différente de la règle permet d'en exprimer sa rigueur sans créer de division, comme le montre le panneau 44.

Panneau 44

Les véhicules garés dans la voie réservée aux pompiers derrière le bâtiment seront mis à la fourrière.

De cette manière, il est évident que la règle s'applique à tout le monde.

Afin de favoriser une attitude plus adaptée au monde du travail moderne, nous souhaitons, dans la mesure du possible, que nos règles ne soient plus axées sur une dynamique parent-enfant mais plutôt sur une dynamique adulte/adulte.

2. Manque de clarté

Il est évident que, dans certains cas, on a du mal à rompre avec les vieilles habitudes. Ces trois verbes modaux se sont incrustés dans le langage politique, et certains rédacteurs hésitent à les abandonner sous prétexte que cela nuirait à la clarté.

En réalité, ces trois verbes présentent une ambiguïté dans de trop nombreux contextes. Nous allons examiner chaque verbe modal pour mettre en évidence les significations subtiles qu'il exprime.

L'approche conventionnelle

L'approche conventionnelle pour indiquer la rigueur relative de ces trois termes peut être résumée comme suit :

+ « Il doit » signifie « obliger ».
+ « Il peut » signifie « autoriser ».
+ « Il faudrait » signifie « recommander »

L'organisation internationale de normalisation (ISO) utilise un modèle similaire. Selon l'ISO,

+ « Il doit » indique une exigence.
+ « Il faudrait » indique une recommandation.
+ « Il peut » (en anglais « may ») est utilisé pour indiquer que quelque chose est autorisé.
+ « Il peut » (en anglais « can ») est employé pour indiquer que quelque chose est possible. [3]

---

[3] « Expression utilisée dans les normes internationales ISO et d'autres livrables ISO normatifs. https://www.iso.org/fr/foreword-supplementary-information.html

Ces définitions sont néanmoins problématiques dès le départ.

Pas de distinction dans la forme négative

Lorsque les termes « doit » et « peut » apparaissent à la forme négative, la distinction entre obligatoire et optionnel disparaît presque complètement.

Comparez les déclarations A et B du panneau 45.

Panneau 45

A) Les documents ne peuvent pas être retirés du bureau.

B) Les documents ne doivent pas être retirés du bureau.

En fin de compte, ces deux déclarations produisent des résultats identiques. Bien sûr, techniquement parlant, dans le premier cas, une action est « non autorisée » et dans le second, elle est « interdite ». Mais dans les deux cas, vous n'êtes pas autorisé à retirer des documents du bureau.

On pourrait soutenir que l'utilisation de « peut » exprime la restriction de manière plus polie, et je suppose que c'est possible. Néanmoins, dans ce contexte, **le terme « peut » n'offre pas d'option**. L'exigence est simplement plus « poliment obligatoire ».

Par conséquent, dans des formulations négatives, l'argument selon lequel les verbes modaux préservent une distinction entre obligatoire et optionnel est indéfendable. Mettons de côté les formes négatives et examinons simplement les déclarations positives. Cet argument sera-t-il toujours convaincant ?

Les ambiguïtés de « doit »

Les rédacteurs de politiques traditionnelles utilisent le mot « doit » pour indiquer une exigence obligatoire, comme dans le panneau 46.

Panneau 46

Lorsque l'alarme incendie retentit, tout le monde doit sortir du bâtiment.

Le mot « doit » dans cette déclaration entraîne une obligation. Nous pouvons valider cette interprétation en vérifiant comment la phrase se lirait si la notion d'obligation était explicitée, comme dans le panneau 47.

Panneau 47

Lorsque l'alarme incendie retentit, tout le monde est obligé de sortir du bâtiment.

Ceci met en évidence de manière claire et simple la signification de « doit ». Et si « doit » se traduisait toujours par « être obligé de », nous n'aurions aucun problème. Mais le mot « doit » est utilisé de plusieurs autres façons. En plus de créer une obligation, les rédacteurs de politiques l'utilisent pour :

+ Accorder un pouvoir.
+ Fixer une condition d'éligibilité.
+ Déclarer qu'un droit existe.

Regardez l'exemple typique présenté dans le panneau 48.

Panneau 48

Le vice-président doit approuver toutes les demandes visant à emprunter du matériel de l'entreprise.

Le responsable de la politique n'avait pas l'intention **d'obliger** le vice-président à accéder à ces demandes, mais la déclaration est ainsi présentée. Le rédacteur a essayé de rendre quelque chose obligatoire, et a utilisé le mot « doit » pour cela. En fait, ce terme « doit » est mal placé, de sorte que nous devons chercher à déterminer quel est exactement l'élément obligatoire.

Le fait qu'une approbation soit nécessaire pour emprunter du matériel et **qu'elle doive provenir du vice-président est une interprétation possible de l'intention initiale.**

Si c'est ce que l'on voulait exprimer, alors la décision de politique est une question **d'autorité.** L'intention de cette disposition est de donner au vice-président le seul pouvoir d'approuver la demande. Cela n'a absolument rien à voir avec l'obligation.

Si nous formulions cette règle clairement au lieu de simplement la sous-entendre, nous obtiendrions la déclaration du panneau 49.

Panneau 49

Le vice-président a le pouvoir d'approuver les demandes visant à emprunter du matériel de l'entreprise.

L'intention est maintenant claire : nous n'obligeons personne à faire quoi que ce soit ; nous accordons simplement un pouvoir à une personne qui peut choisir quand l'exercer. Il n'y a pas de « doit ».

Notez comment cette nouvelle formulation parvient à conserver la rigueur de la règle originale, **sans pour autant garder la distinction entre les actions obligatoires et celles optionnelles.**

Une autre interprétation possible de l'exemple du panneau 48 est qu'il impose l'ordre des événements dans le cadre d'un processus. L'objectif est de faire de l'approbation du vice-président une condition préalable à l'emprunt de l'équipement. Dans ce cas, la décision ne porte pas du tout sur l'obligation, mais sur **son éligibilité**. L'intention est de faire en sorte que l'équipement ne puisse pas être emprunté tant que l'approbation du vice-président n'a pas été donnée.

Nous allons donc dire cela plus clairement, comme dans le panneau 50.

Panneau 50

Le matériel de l'entreprise ne peut être prêté qu'après approbation du vice-président.

Avec cette reformulation, au même titre que la précédente, nous nous montrons utiles, en proposant d'ouvrir une voie, plutôt que d'être restrictifs et de dresser un obstacle.

Parfois, la direction tient tellement à utiliser le terme « doit » dans les règles qu'il est inséré même s'il est dénué de sens. Regardez l'exemple du panneau 51.

Panneau 51

Les employés doivent avoir accès à leur propre dossier personnel sur simple demande.

Si le « doit » est supposé obliger quelqu'un à faire quelque chose, ici on ignore qui est ce quelqu'un. Encore une fois, nous devons creuser pour comprendre ce qui se passe.

Le but n'était évidemment pas d'obliger les employés à consulter leurs dossiers. Si quelqu'un devait être mandaté pour agir dans ce cas, ce serait une personne qui pourrait donner accès aux dossiers. Le terme « doit » était destiné à obliger cette personne, qui n'est même pas mentionnée, à fournir les dossiers à la demande des employés.

Il ne s'agit pas ici d'établir une obligation, mais plutôt un droit. Les employés qui souhaitent consulter leur dossier ont le droit de le faire. Nous devrions donc nous exprimer comme dans le panneau 52.

Panneau 52

Les employés ont le droit d'avoir accès à leur propre dossier personnel.

Au début de ce livre, j'ai remarqué que la plupart des gens ont envie de faire les choses correctement. Je préfère partir du principe que si une personne a le droit de consulter son dossier et en fait la demande, les responsables de l'accès aux dossiers seront heureux de s'exécuter. Nous n'avons pas besoin de leur ordonner de respecter la règle.

Résumé de l'expression « doit »

Personne n'aime être forcé à faire quelque chose. Une exigence obligatoire peut être reformulée pour éviter à la fois l'ambiguïté et les connotations condescendantes du mot « doit » en exprimant directement l'autorité, l'éligibilité ou le droit.

En supprimant simplement le terme « doit » dans ces situations, nous ne créons plus de divisions au sein du bureau entre ceux qui font les règles et ceux qui les suivent, nous ne crions plus d'ordres et nous évitons la dynamique parent-enfant.

Les ambiguïtés du terme « peut »

Dans la formulation traditionnelle des politiques, les rédacteurs utilisent « peut » pour indiquer qu'une personne a le choix. Mais tout comme le terme « doit », ce mot est mal placé et mal utilisé.

Tout d'abord, les exigences obligatoires sont souvent cachées dans les déclarations utilisant le terme « peut ». Dans ce cas, il n'existe pas de véritable option, mais les rédacteurs veulent éviter le mot « doit » pour atténuer l'impact.

Prenons l'exemple du panneau 53.

Panneau 53

Les dispositifs de stockage privés ne peuvent être utilisés sur les ordinateurs de l'entreprise qu'avec l'approbation de la direction du service informatique.

Les rédacteurs diront qu'ils ont choisi « peuvent être utilisés » au lieu de « doivent être utilisés » parce qu'ils n'essaient pas de forcer quiconque à utiliser les dispositifs. Dans ce cas, ils diront que le terme « peut » indique qu'au moins une option est proposée.

Mais faites bien attention : il y a plus d'obligations que d'options dans cette déclaration. Si vous voulez utiliser un périphérique de stockage privé sur un ordinateur d'entreprise, la politique impose que :

- ✦ Vous **obteniez** une approbation.
- ✦ L'approbation **provienne** de la direction du service informatique.
- ✦ Tant que cette autorisation ne vous a pas été octroyée, vous **devez** vous abstenir de l'utiliser.

La **seule** partie facultative de la situation est votre décision initiale d'utiliser un appareil.

La déclaration du panneau 53 est un ensemble d'exigences obligatoires déguisées en requêtes facultatives. Une formulation plus franche l'indiquerait ouvertement, par exemple en utilisant le texte de la section 54.

Panneau 54

L'approbation de la direction du service informatique est nécessaire avant de connecter tout dispositif de stockage privé.

Deuxièmement, tout comme le terme « doit », le mot « peut » entraîne souvent une ambiguïté quant à l'élément exact qu'il vise.

Considérez la déclaration du panneau 55.

Panneau 55

Les employés peuvent discuter de la possibilité d'aménager leurs horaires avec leurs superviseurs.

Là encore, les rédacteurs de la déclaration diront qu'ils ont utilisé « peut » au lieu de « doit » parce qu'ils n'essaient pas d'imposer une discussion, mais plutôt d'offrir une opportunité. Le problème ici est que le terme « peut » autorise la mauvaise action. Ce problème devient évident lorsque nous essayons de formuler la phrase dans sa forme négative, comme dans le panneau 56.

Panneau 56

Les employés ne peuvent pas discuter de la possibilité d'aménager leurs horaires avec leurs superviseurs.

Qu'est-ce qui est exactement interdit dans le panneau 56 mais autorisé dans le 55 ? S'agit-il des éventuels aménagements d'horaires ou des discussions à leur sujet ?

Si l'intention initiale est de permettre l'utilisation d'horaires aménageables, cela pourrait être exprimé tout simplement, comme dans le panneau 57.

Panneau 57

Les employés ont la possibilité d'aménager leurs horaires.

Si l'intention est d'autoriser les discussions à ce sujet... eh bien, nous sommes revenus 50 ans en arrière ! Avons-nous vraiment besoin d'une déclaration de politique officielle pour permettre à deux personnes de discuter de quelque chose ?

L'énoncé du panneau 55 n'est pas facile à corriger parce qu'il implique beaucoup de conditions mais ne dit rien de précis. Il implique que des horaires aménagés pourraient être autorisés et que le superviseur a un rôle à jouer dans ce processus, à part cela, il ne nous indique rien de plus. Nous ne pouvons pas savoir si nous sommes ou non dans le respect de cette déclaration.

D'autres mots de permission

Lorsque le mot « peut » est utilisé pour accorder une permission, il génère une dynamique parent-enfant. D'autres mots accordant une permission font de même, notamment les termes suivants:

+ […] sont permis.
+ […] sont acceptés.
+ […] sont admis.
+ […] sont autorisés.

À cette liste, nous pouvons ajouter la forme négative de chacun de ces termes, comme « ne sont pas autorisés » et « ne sont pas permis », ainsi que quelques autres termes lourds :

+ […] ne sont pas tolérés
+ […] sont prohibés
+ […] sont inaccessibles
+ […] sont bannis
+ […] sont (strictement) défendus.
+ […] sont interdits.

Résumé du terme « peut »

En fin de compte à chaque fois que le mot « peut » est utilisé, il s'agit de circonstances censées offrir des options dans une situation donnée. En fait, les options qu'elles offrent sont généralement évidentes une fois que l'on en connaît les modalités et les restrictions. En précisant ces dernières, nous pouvons éviter à la fois l'ambiguïté et la connotation condescendante du mot « peut ». En agissant de la sorte, nous n'accordons plus de permissions et, là aussi, nous évitons la dynamique parent-enfant.

Les ambiguïtés de « il faudrait »

Des trois verbes modaux examinés ici, « il faudrait » est celui qui souffre de la pire crise de légitimité. C'est le plus polyvalent des termes et, par conséquent, le plus ambigu.

Les rédacteurs de politiques utilisent « il faudrait » pour exprimer une recommandation, plutôt qu'une exigence obligatoire. Le panneau 58 en est un exemple.

Panneau 58

Il faudrait que les employés changent leurs mots de passe tous les 90 jours.

Comme il ne s'agit que d'une recommandation, elle peut être reformulée comme dans le panneau 59.

Panneau 59

Il est vivement recommandé que les employés changent leurs mots de passe tous les 90 jours.

Une déclaration qui comporte une recommandation n'a aucun sens dans un contexte fondé sur des règles. Comme l'action n'est pas obligatoire, un employé ne peut pas être sanctionné pour ne pas l'avoir suivie.

L'un de nos objectifs, en créant des règles, est de tracer une ligne de démarcation comme sur du sable, permettant aux autres de savoir clairement s'ils sont sur le bon ou le mauvais chemin. Mais nous ne pouvons pas être sur le mauvais chemin avec une déclaration de type « il faudrait ». Les actions qui sont simplement recommandées sont techniquement « facultatives ». Mais vous ne verrez pas souvent le mot « facultatif » dans une politique. Les rédacteurs ont tendance à éviter ce mot car il semble faible.

En réalité, dans ce cas, la recommandation relative au changement de mot de passe est elle-même faible. Au mieux, la déclaration est un faible encouragement à faire les choses correctement sans en faire une règle ; au pire, c'est une déclaration de bonne pratique.

Vous vous souviendrez que le cadre documentaire place les autorités dans une colonne et les orientations dans une autre. Ces recommandations ne sont pas des décisions. Elles ont leur place dans vos documents d'orientation, vos manuels de bureau et vos affiches murales.

Une autorité bien rédigée rend expressément obligatoire une pratique, l'autorise ou l'interdit. Ce qu'elle ne fait pas, c'est d'adopter une attitude d'indécision.

Les multiples significations du mot « il faudrait »

Au-delà de la distinction entre politique et conseil, il nous reste à résoudre la question de la signification précise de «il faudrait ».

Comment masquer les déclarations obligatoires

Prenons, par exemple, une déclaration type présentée dans le panneau 60.

Panneau 60

Il faudrait que la sortie de secours ne soit utilisée qu'en cas d'urgence.

S'agit-il vraiment d'une recommandation plutôt que d'une règle obligatoire ? Si l'organisation n'a pas l'intention de la faire respecter, alors cette déclaration n'est rien de plus qu'un conseil.

Il est plus probable que cette déclaration ait été conçue comme une règle stricte, et que «il faudrait » ait été utilisé pour remplacer le « doit » afin de l'atténuer. Les rédacteurs optent pour ce type d'expression lorsqu'ils doivent établir une règle stricte mais ils ne veulent pas qu'elle en ait l'air, ce qui va à l'encontre du but recherché, n'est-ce pas ?

Vous trouverez d'autres exemples dans le panneau 61.

Panneau 61

Il faudrait que les passagers payent leur billet en montant dans le bus.

Il faudrait que les employés signalent toute blessure survenue sur le site dans les 48 heures.

Il faudrait que la demande soit signée et datée en bas.

Dans aucun de ces exemples, le terme « il faudrait » n'est censé être une simple recommandation.

Comme on peut s'y attendre, l'utilisation de «il faudrait » dans cette acception au sein de documents de politique mène au désastre. Quelqu'un insistera inévitablement sur le fait que cette déclaration « il faudrait » n'est qu'une simple recommandation, arguant que si l'action avait été conçue comme une règle ferme, elle aurait été rendue obligatoire.

Les obligations éthiques

Un autre usage courant de « il faudrait » est de désigner une obligation morale ou éthique. Prenez les déclarations du panneau 62.

Panneau 62

Il faudrait que les représentants des services s'efforcent à traiter les plaintes avec compassion.

Il faudrait que les dépliants d'information évitent les stéréotypes raciaux et sexuels.

Il faudrait que dans les négociations autour d'un accord prénuptial, les avocats ne représente pas les deux parties.

Bien qu'elles utilisent « il faudrait », ces déclarations se veulent **plus fortes que des recommandations mais pas aussi fermes que des exigences obligatoires.** L'utilisation de « il faudrait » dans ces cas suggère que le moteur de la règle est un principe moral ou éthique.

Les codes de conduite et les codes éthiques, examinés plus en détail au chapitre 10, utilisent souvent « il faudrait » pour modifier les verbes, mais la possibilité d'ambiguïté est tout aussi réelle dans ces documents. Un exemple typique est la phrase du panneau 63.

Panneau 63

Il faudrait que les employés évitent les conflits d'intérêts.

Laquelle des significations suivantes, énumérées par ordre de sévérité décroissante, le « il faudrait » du panneau 63 est-il censé exprimer ?

+ Évitez-les tout le temps.
+ Évitez-les dans la mesure du possible.
+ Essayez de les éviter.
+ Évitez-les sauf si vous avez une bonne raison de ne pas le faire.
+ Évitez-les sauf si vous avez une raison pour le faire.
+ Évitez-les si vous ne voulez pas faire la une des journaux.

En fait, nous ne pouvons pas savoir quel degré est visé sans parler à la personne qui a rédigé la déclaration.

Certains rédacteurs justifient le terme « il faudrait » dans ces situations précisément parce qu'ils veulent s'appuyer sur cette ambiguïté. Ils s'attendent à ce que cette ambiguïté permette une flexibilité dans l'interprétation. Personnellement je pense que cette flexibilité reflète un manque de clarté. Si vous souhaitez vraiment de la flexibilité, dites-le clairement, comme dans le panneau 64.

Panneau 64

Lorsqu'il s'agit de déterminer si un conflit d'intérêts existe, chaque situation sera évaluée selon ses particularités.

D'autres utilisations du verbe « faudrait ».

Le verbe « il faudrait » cache bien son jeu. Regardez les exemples du panneau 65.

Panneau 65

Il faudrait que les informations soient accessibles, actualisées et précises.

Il faudrait que tous les employés puissent avoir accès à une formation professionnelle.

Malgré l'utilisation du verbe « falloir », ces déclarations ne sont ni des recommandations, ni des exigences obligatoires atténuées, ni des impératifs éthiques.

Dans ces cas, le verbe « falloir » exprime plutôt une finalité, une probabilité ou une attente. Dans tous les cas, il s'agit de déclarations politiques peu convaincantes. Dans chaque exemple, l'action à entreprendre pour se conformer n'est pas claire.

Résumé de l'utilisation du verbe « falloir »

En plus de véhiculer une recommandation, le verbe « il faudrait » peut indiquer l'un des éléments suivants :

+ Un bon conseil
+ Une exigence
+ Un objectif ou un principe à respecter
+ Une probabilité ou une attente
+ Une possibilité ou une éventualité

Lorsque « il faudrait » indique une exigence obligatoire, il est mal utilisé. Dans tous les autres cas, c'est un terme potentiellement ambigu.

Heureusement, toutes les déclarations utilisant le verbe « falloir » dont il est question dans cette section, conviennent à un document d'orientation. En effet, ce dernier donne la possibilité de rajouter des mots supplémentaires afin de fournir un contexte utile.

Après la lecture de cette section, vous pourriez toujours préférer que votre politique contienne des déclarations de recommandation. Dans ce cas, pour réduire les risques de confusion, limitez le terme « il faudrait » **aux véritables recommandations** et ne l'utilisez pas dans les autres cas.

Conclusions

Cela serait paradoxal, pour des raisons évidentes, si je disais : vous ne devez jamais utiliser « devez » et il faudrait ne jamais utiliser «il faudrait». Je vais donc m'y abstenir.

La plupart des décisions politiques peuvent être rédigées sans avoir recours aux verbes modaux « devoir »,

« pouvoir » ou « falloir ». Ma manière de procéder consiste à réfléchir à l'objet réel de la décision, ce qui me permet d'éviter le choix entre « obligatoire » et « facultatif ».

Pour être honnête, je mentirais si je disais que je n'utilise jamais ces verbes modaux. Ils sont souvent pratiques. Nous sommes tellement habitués à les utiliser que c'est presque un automatisme de les inclure.

Il est également facile de les insérer dans un projet de politique soumis à approbation sans que personne ne s'y oppose. De nombreux responsables politiques sont tellement habitués à des règles rédigées sur ce ton qu'ils n'en perçoivent les implications que lorsqu'il est trop tard.

Aujourd'hui, j'ai pour habitude de relire tous mes écrits afin de vérifier la manière dont j'utilise les verbes « devoir », « pouvoir » et « falloir ». Je préfère reformuler la phrase sans utiliser le verbe modal, quand cela est possible. Si je ne peux pas en éviter son utilisation, je m'assure que la phrase soit aussi claire que possible.

Chapitre 9

LES NORMES

Ma voisine Odette commence toutes ses recettes avec deux oignons de taille moyenne et une gousse d'ail sautés dans de l'huile d'olive et du vin blanc. C'est sa base pour des préparations culinaires standard. Si nous l'appelons « préparation standard à base d'oignons », chaque fois que nous voulons l'utiliser dans une recette, il sera possible de dire simplement : « Commencez par la préparation standard à base d'oignons, puis ajoutez… ».

Au chapitre 4, nous avons examiné un certain nombre de titres d'instruments de politique, et je vous ai suggéré de laisser de côté le titre « les normes » parce qu'il est différent des autres.

Une **norme** est un ensemble de spécifications. Les spécifications peuvent être techniques ou banales, allant de la mesure scientifique la plus précise, comme « 5,65425 grammes », à la description la plus générale, comme « entre la moitié et la totalité ».

Une norme regroupe une ou plusieurs spécifications dans un même ensemble, de manière que l'on puisse s'y référer comme à une unité. Il s'agit d'un raccourci qui nous évite de rédiger des séries de spécifications à chaque fois que nous en avons besoin.

Obligatoire ou facultatif ?

Les membres d'un comité d'élaboration de politiques dont je faisais partie avaient l'habitude de se disputer sans cesse entre eux au sujet des déclarations à inclure dans leurs normes. Certains d'entre eux voulaient que la règle offre le choix entre la norme A et la norme B, et qu'elle qualifie ces normes de « facultatives ». D'autres insistaient sur le fait que tout ce qui est appelé « norme » doit être obligatoire, et ils ne parvenaient pas à comprendre comment quelque chose pouvait être obligatoire et facultatif à la fois.

Par conséquent, toutes les décisions prises par ce comité étaient extrêmement rigides. La spécification de chaque norme était obligatoire, ne laissant ainsi aucune marge de manœuvre pour les parties les plus délicates.

Ce groupe ne comprenait pas bien le rôle d'une norme dans un ensemble de politiques. La confusion peut venir du fait de ne pas arriver à faire la distinction entre le **niveau de rigueur requis par les spécifications** et celui **pour l'adoption de la norme** par l'organisation

Une norme peut être adoptée de manière obligatoire ou facultative. Lorsqu'une organisation rend une norme obligatoire, son utilisation devient obligatoire. Lorsqu'un organisme la recommande, son utilisation est simplement facultative. Malgré qu'elle soit facultative cela n'enlève rien au fait qu'il s'agisse bien d'une norme.

Une illustration pourra nous aider à clarifier cette distinction.

Le papier de bureau

En Amérique du Nord, le papier destiné aux imprimantes et aux photocopieuses peut être acheté dans un certain nombre de formats standard, dont les plus courants sont les formats lettre, légal et tabloïd. Chacune de ces normes a une hauteur et une largeur déterminées. Dans le reste du monde, les normes les plus courantes sont A3, A4 et A5, et chacune d'entre elles a également une hauteur et une largeur spécifiques.

Les spécifications de chaque norme sont obligatoires. Il n'y a aucune flexibilité. Vous ne pouvez pas modifier les dimensions du papier sans enfreindre la norme.

Chaque organisation décide des formats de papier qu'elle utilisera. Elle peut décider de n'utiliser que les formats A3, A4 et A5, ou de mélanger les normes et d'utiliser aussi les formats A4, légal et tabloïd.

Les décisions politiques de l'organisation établissent si chaque norme est obligatoire, facultative ou non autorisée.

Le calibre d'une norme

La validité d'une norme dépend de celle de son organisme de certification.

Le CEN (Centre européen de normalisation) propose une norme contenant des spécifications techniques relatives aux types et aux classes de casques industriels de protection, communément appelés « casques de sécurité ». Cette norme s'appuie sur l'excellente réputation que le CEN a réussi à se forger au fil des ans.

Imaginons que Marie et Paul dirigent une entreprise familiale de construction dans une petite ville du sud-ouest de la France. Leur entreprise décide d'établir sa propre norme pour les casques. Ils rédigent les spécifications techniques qu'ils jugent appropriées et intitulent le document « Normes relatives aux casques de Marie et Paul ».

Quelle norme préféreriez-vous adopter ? Je parie que Marie et Paul n'ont pas beaucoup de crédibilité à vos yeux. Lorsque vous avez le choix, vous choisissez votre norme en fonction de vos besoins.

Il est vrai que dans des domaines comme la sûreté et la sécurité, les gouvernements ainsi que la communauté européenne, ont peut-être déjà pris les rênes et imposé l'utilisation de normes spécifiques, de sorte que vous n'avez probablement pas vraiment le choix. Dans de nombreux domaines, cependant, vous pouvez choisir la norme que vous souhaitez adopter.

Élaborer une norme

Vous pouvez créer vos propres normes de manière très simple en rassemblant le nombre de spécifications souhaitées et en regroupant ces dernières dans un document. La figure 5 présente un exemple de norme, appelée norme N° 21, qui définit les spécifications de la correspondance de bureau.

La norme N° 21, désormais rédigée dans sa version finale et signée par les experts qui l'ont conçue, peut être incorporée par référence dans d'autres instruments de politique.

Norme N° 21
Correspondance de bureau

Police

    Type Arial 12 pt. Roman

Emplacement de la date

    En haut à gauche

Format de la date

    JJ-MM-AAAA

RE : ligne

    Caractère gras, pas de soulignement

Clôture

    Je vous prie d'agréer, Madame, Monsieur,
    l'expression de mes sentiments distingués.

Rédiger des normes respectueuses

Ce titre est un leurre !

Une norme en soi n'est ni respectueuse ni irrespectueuse. Une norme est neutre. Il s'agit simplement d'une liste de spécifications.

Une norme bien rédigée ne contient pas les mots « doit », « ne doit pas », « il faudrait » ou d'autres termes d'obligation. Il ne contient pas d'instruction, ni d'ordres, ni de suggestions. Les seules choses qu'elle contient sont des spécifications, et personne ne doit se sentir touché personnellement par ces dernières.

Adopter une norme

Une organisation adopte une norme en réalisant une décision politique, sur le modèle de celles proposées dans le panneau 69.

Panneau 69

Le format de papier A4 est utilisé pour les documents.

Le courrier est imprimé sur du papier de format lettre.

Les feuilles de calcul du budget sont conçues pour être imprimées sur du papier de format Tabloïd.

Les documents produits sont conformes à la norme N° 21 - Correspondance de bureau.

Adoption obligatoire

Des déclarations comme celles du panneau 69 sont suffisantes pour rendre obligatoire l'adoption d'une norme. Si l'écart par rapport à la norme est une préoccupation réelle, la formulation peut être renforcée, comme dans le panneau 70.

Panneau 70

Pour le courrier, l'organisation utilise exclusivement du papier de format A4.

Adoption facultative

Une organisation peut choisir d'autoriser une norme sans la rendre obligatoire. Le panneau 71 présente deux exemples de déclarations adoptant une norme facultative.

Panneau 71

Dans les supports publicitaires, les mesures sont exprimées en unités métriques seules ou en combinaison avec des unités impériales.

Dans le matériel publicitaire, les mesures sont exprimées en unités standard américaines, en unités métriques ou les deux.

Dans la première déclaration du panneau 71, la norme métrique est obligatoire et la norme impériale est facultative.

Dans la deuxième, les deux normes sont autorisées et l'utilisation d'au moins une des deux est obligatoire.

Interdiction

Lorsqu'il est indiqué que la norme A a été adoptée, on peut présumer que la norme B n'est pas autorisée. Toutefois, si nécessaire, une déclaration peut indiquer explicitement quand une norme ne doit pas être utilisée, comme dans le panneau 72.

Panneau 72

Le papier de format tabloïd n'est pas utilisé dans nos bureaux.

Le courrier est imprimé sur du papier de format A4. L'utilisation du papier de format Lettre est suspendue.

Notez que les déclarations du panneau 72 n'utilisent pas de mots chargés tels que « non autorisé » ou « interdit ». Ces types de mots sont essentiellement l'expression d'une dynamique dans laquelle le dominant exerce son pouvoir sur la conduite de son subordonné. La politique est rédigée de manière respectueuse lorsqu'elle décrit l'état des activités de l'organisation sans pour autant mettre à nouveau en évidence la structure de pouvoir.

Promulguer une norme

Pour que la norme ait de l'autorité, elle doit être appliquée. Elle ne peut pas être promulguée d'elle-même ; cette promulgation doit venir d'ailleurs.

En 1859, un habitant de San Francisco, en Californie, s'est autoproclamé « empereur des États-Unis ».[4]

Né sous le nom de Joshua Abraham Norton en Angleterre, on estime qu'il est arrivé à San Francisco en 1849. Ses décrets impériaux, tous destinés à améliorer la nation, comprenaient l'abolition du Congrès américain et l'envoi de l'armée pour évacuer les bâtiments gouvernementaux de Washington. De plus, il ordonna aux églises catholiques romaine et protestante de reconnaître sa souveraineté,

---

[4] https://fr.wikipedia.org/wiki/Joshua_Norton

ordonna aussi la dissolution des partis républicain et démocrate et enfin, dans un rare moment de lucidité, il interdit l'utilisation du surnom de « Frisco » pour la ville.

Les récits de cette époque font état de la déférence occasionnelle accordée par les habitants à cet homme et à ses excentricités. Curieusement, toutes les organisations officielles visées par ses décrets l'ignoraient complètement. Faut-il croire qu'il lui manquait des papiers nécessaires pour valider les revendications de l'autorité impériale ? Qui aurait cru qu'ils étaient si pointilleux sur ces choses à l'époque ?

La leçon à retenir de cette histoire est simple : la déclaration de son propre pouvoir ne suffit pas à justifier une revendication d'autorité. Malheureusement, le poste d'empereur des États-Unis reste formellement vacant encore aujourd'hui.

La légitimité vient de l'extérieur, pas de l'intérieur. Une personne peut revendiquer n'importe quelle autorité ou n'importe quel droit dans le monde. Cependant, pour que ces revendications soient valables, il faut que le soutien vienne de l'extérieur.

Une norme qui se déclare obligatoire n'est pas différente de l'histoire de M. Norton. Citer une autorité à l'intérieur de la norme ne fait aucune différence. En effet, même si M. Norton avait occupé le poste d'empereur sur la base d'une loi du Congrès, la plupart d'entre nous aurait voulu, au moment de remplir les formalités administratives, voir cette loi dans laquelle la nomination était précisée, plutôt que de se fier aux déclarations intéressées de M. Norton.

Si un ambassadeur étranger se présente à votre porte et demande à bénéficier des droits d'un diplomate résident, il est peu probable que vous lui accordiez ce statut en l'absence d'une preuve de sa nomination. Une telle preuve devrait apparaître comme ayant été émise par le gouvernement étranger d'origine. Une note griffonnée par le diplomate ne suffira pas.

Le même principe s'applique dans le monde politique. **Une norme qui se déclare obligatoire est en fait une déclaration intéressée.** Celui-ci n'est pas un moyen légitime d'en indiquer son authenticité.

La meilleure approche pour la mise en œuvre d'une norme consiste à disposer de deux éléments :

+ La norme elle-même, contenant les spécifications techniques requises.

+ Un instrument de politique comportant une **déclaration d'application.**

Cette dernière rend la norme obligatoire, la recommande ou l'autorise.

Cette approche bipartite présente deux avantages. Premièrement, l'utilisation de documents distincts donne à une organisation toute la souplesse nécessaire afin d'imposer différents niveaux d'applicabilité en fonction des situations et des unités organisationnelles. Les instruments de politique peuvent contenir des déclarations semblables à celles que l'on trouve dans le panneau 73.

Panneau 73

Les pages Web publiées par le groupe A sont conformes aux normes N° 10 et N° 12.

Les pages Web publiées par le groupe B sont conformes aux normes N° 10, N° 11 et N° 14.

Les pages Web publiées par le groupe C ne doivent être conformes à aucune norme.

De cette façon, **une norme peut être simultanément imposée, autorisée, recommandée et interdite dans des circonstances différentes.** Même si cette flexibilité ne semble pas nécessaire sur le moment, elle peut devenir utile par la suite.

Deuxièmement, cette séparation reflète plus fidèlement les deux secteurs distincts de responsabilité qui sont concernés. L'élaboration d'une norme implique un ensemble de décisions différentes de celles qui concernent la politique qui la met en œuvre.

Ceux qui définissent les spécifications d'une norme sont des experts en la matière. Ils deviennent ainsi les responsables de la norme et doivent s'assurer que chaque spécification soit techniquement défendable. **La fixation d'une spécification technique est une décision technique, pas une décision de gestion.**

En revanche, **la mise en œuvre de la norme est une question de gestion, et non une question technique.** En intégrant une déclaration d'application dans une politique, les responsables de la politique assument la responsabilité décisionnelle de son adoption.

Voyons comment cette distinction fonctionne dans la pratique. Supposons qu'une entreprise gère une chaîne de restaurants. Les experts en sécurité alimentaire ont élaboré une norme de nettoyage, illustrée dans le panneau 74, à utiliser lors de la fermeture, à la fin de chaque journée.

Panneau 74

Norme de fermeture de la cuisine

+ Surfaces frottées avec une solution de nettoyage antiseptique.

+ Réfrigérateurs réglés à 4°C.

+ Surfaces chauffantes refroidies à la température ambiante et réglées sur Off.

+ Les denrées périssables sont emballées deux fois dans du plastique, puis stockées dans des récipients en plastique, en verre ou en métal.

Après avoir examiné cette norme, la haute direction accepte de la rendre obligatoire pour tous les restaurants de la chaîne.

Que se passe-t-il si un membre de l'organisation s'y oppose ? En séparant le responsable de la norme de celui de la politique, nous pouvons diriger l'objection vers le bon interlocuteur.

Victor, par exemple, pense que le double emballage des aliments avant de les mettre dans un récipient est excessif. A son avis, le double emballage ne permet pas aux aliments de rester plus frais que le simple emballage. Victor peut dans un premier temps, faire valoir son objection auprès du responsable de la norme. En tant qu'experts en la matière, les responsables des normes sont en mesure de mener des discussions techniques.

Sophie s'oppose pour une raison différente : elle soutient que la mise en œuvre de la norme prendrait trop de temps et coûterait trop d'argent et qu'elle grèverait les bénéfices. Cette objection peut être soulevée auprès du responsable de la politique, car c'est lui qui décide si une norme est obligatoire, facultative ou recommandée. Lorsqu'il évalue le bien-fondé de l'objection de Sophie, le responsable de la politique peut demander au responsable de la norme d'entendre sa version des faits. Mais en fin de compte, c'est le responsable de la politique qui décide si la contrainte imposée à l'entreprise est plus ou moins importante que les conséquences techniques prévues par les experts en la matière.

Résumé

Séparer les déclarations de politique des normes permet d'attribuer la responsabilité des décisions aux personnes appropriées au sein de l'organisation.

Chapitre 10

CODES DE CONDUITE

Le public est de plus en plus conscient de la nécessité d'établir des déclarations de valeurs sur des questions politiquement « brûlantes », telles que la diversité raciale et de genre, le harcèlement sexuel et les préjugés systémiques. Cette prise de conscience a fait comprendre que les organisations perdent de leur crédibilité lorsqu'elles opèrent en ignorant les injustices du monde. Les organisations sont appelées à abandonner leur silence et à se manifester, tout en adoptant leurs engagements de manière visible et apparente, prenant donc une approche active ou proactive sur certaines questions. C'est pourquoi les codes de conduite sont récemment devenus une priorité.

Un code de conduite est un type d'autorité particulier. Il enregistre l'engagement collectif de ceux qui l'adoptent, plus précisément, il représente un alignement sur un ensemble de valeurs communes.

D'un point de vue stylistique, un code de conduite au sein d'une organisation ressemble davantage à un énoncé de vision ou à une déclaration de principes qu'à la compilation habituelle de règles spécifique, destinées à devenir une politique ou une directive. Il peut fixer des objectifs sans indiquer comment les atteindre, car les objectifs sont déjà louables en soi.

Le ton a toujours son importance

Si le fait d'utiliser le mauvais ton dans les politiques et les directives entraîne un manque d'engagement des employés, l'effet est doublement prononcé pour un code de conduite. Lorsqu'il se compose d'une série de déclarations vous donnant des instructions sur la manière d'être une bonne personne, le code perd de sa crédibilité par rapport à l'autorité morale qu'il prétend incarner.

Le panneau 75 présente quelques phrases extraites d'un véritable code de conduite que j'ai découvert lors de mes voyages.

Panneau 75

Afin de préciser ce que l'on attend de chacun, il est demandé à tout le monde de se conformer au code de conduite suivant. [La direction] fera en sorte que ce code soit appliqué

Nous partons du principe que la plupart des gens sont intelligents et bien intentionnés. Cependant, nous avons récemment constaté qu'il est parfois nécessaire de préciser le comportement que nous soutenons ou ne soutenons pas.

Le cœur de notre approche est le suivant : nous ferons tout ce qui nous semble nécessaire afin de garantir que notre organisation soit un environnement sûr et productif pour tous.

> Il est interdit d'harceler les autres. Nous ne tolérerons aucune forme d'harcèlement à l'égard des collaborateurs.
>
> Dans le cas contraire. Les employés qui enfreignent ces règles seront tenus de quitter l'organisation.

Vous voyez un peu le tableau ?

Il est clair que ce document adopte un ton totalement opposé à ce que la direction souhaite mettre en place. Le langage est porteur de division, car il vise à distinguer ceux qui établissent les règles de ceux qui sont censés les suivre. Il n'y a aucune tentative d'engagement ou de création d'un rapport communautaire, pourtant si essentiel au succès d'un code de conduite.

Lorsque j'ai lu ce document pour la première fois, je me suis senti agressé. Comme si l'organisation qui le proposait ne me considérait pas comme une personne honnête, ou peut-être même capable de comprendre ce que cela signifie. Toute cette approche est conflictuelle. Le compliment en demi-teinte au début du deuxième paragraphe ne me réconforte en rien, car il ressemble à une fausse flatterie.

La phrase qui dénonce l'attitude de la direction de ce document se trouve au milieu, elle dit « nous ferons tout ce qui nous semble nécessaire ». En une seule phrase de huit mots, la direction dénigre votre contribution au succès de cette initiative en la considérant comme secondaire par rapport à son intention de contrôler la situation.

Le quatrième paragraphe est le comble de l'ironie : une réprimande musclée qui vous dit que « les réprimandes musclées » ne sont pas tolérées. Le cinquième paragraphe est entièrement consacré à la menace.

Nous pouvons faire mieux que cela. S'il existait un seul document de politique qui mériterait d'être rédigé de manière positive, courtoise et respectueuse, ce serait un code de conduite stipulant le fait d'être positifs, courtois et respectueux.

Les déclarations utilisant « nous »

Le but d'un code de conduite est d'être un guide auquel nous pouvons tous adhérer. Les objectifs sont fixés pour que les individus soutiennent le collectif. Rien n'est demandé au lecteur qui ne s'applique pas également à l'auteur.

Le style le plus percutant pour les codes de conduite, les déclarations de valeurs et les déclarations de principes est celui des phrases écrites à la première personne du pluriel, comme dans le panneau 76.

Panneau 76

+ Nous valorisons la confiance, la franchise et le professionnalisme.

+ Nous pensons que toute personne est digne de notre respect.

+ Nous nous efforçons d'accorder à chaque client toute notre attention.

+ Nous promouvons activement les valeurs de l'organisation dans chaque interaction avec le public et avec les autres employés.

+ Nous signalons tous les conflits d'intérêts potentiels dès que nous en avons connaissance.

Et ainsi de suite.

Les déclarations rédigées au temps présent sont beaucoup plus percutantes que celles rédigées à l'impératif. Elles incarnent le véritable esprit d'un code de conduite, perçues plus comme un cri à la mobilisation plutôt que comme des ordres donnés par le quartier général. Ce n'est pas un hasard si la Déclaration d'indépendance des États-Unis utilise la même approche : « Nous considérons ces vérités comme évidentes... »

Le panneau 77 fournit des exemples de déclarations à utiliser dans un code de conduite qui sont cohérentes avec les valeurs qu'il préconise.

Panneau 77

Nous sommes sensibles aux besoins des personnes qui nous entourent, faisons preuve de discernement et traitons les autres avec respect.

Nous nous conformons immédiatement aux demandes adressées directement pour mettre fin à un comportement considéré comme du harcèlement. Plus précisément, nous ne prenons pas l'initiative ou ne nous engageons pas dans ce qui suit :

+ Commentaires verbaux ou blagues insultantes en rapport avec le sexe, l'orientation sexuelle, le handicap, la langue, l'apparence physique, la taille, la race ou la religion.

+ Présentation d'images sexuelles

+ Intimidation, harcèlement ou approche non désirée

- ✦ Perturbation durable d'une procédure
- ✦ Contact physique ou attention sexuelle inappropriés ou inopportuns
- ✦ Humiliations publiques

Lorsque l'on nous demande de quitter le lieu d'un incident basé sur une infraction présumée à ce code, nous le faisons immédiatement, calmement et sans attirer l'attention sur la situation.

Vous pouvez voir que ces déclarations formulées de manière positive sont beaucoup plus inclusives, plus respectueuses et plus conformes à la finalité d'un code de conduite.

Situations difficiles

Pour être clair, je reconnais que parfois dans notre vie professionnelle nous rencontrons plus de renards que de corbeaux. Il y a parfois des situations qui deviennent intolérables et où votre organisation se doit d'être ferme sur ses propos. Dans ces cas-là, vous auriez peut-être besoin de déclarations écrites de la part d'une autorité qui offrent une certaine sécurité en cas de gestion de conflits. Vous êtes obligés de prendre des mesures, même si, au final, vous ne les mettez en œuvre qu'en dernier recours.

Mais le code de conduite n'est pas l'endroit approprié pour décrire ces mesures. Sortez l'artillerie lourde dans une autre politique. Un code de conduite bien rédigé ne doit pas nécessairement vous prévenir du besoin de se battre.

Un document de base

Un jour, une participante à l'un de mes ateliers s'est levée pour dire au groupe que son organisation considère son code de conduite comme le socle de toutes ses politiques. Grâce à un code de conduite solide sur lequel elle peut s'appuyer, son organisation peut se passer de nombreuses règles que d'autres organisations sont obligées d'intégrer dans leurs politiques. Les directives s'appuient sur les déclarations du code concernant l'honnêteté, le professionnalisme, l'équité... et ainsi de suite.

Cette approche ne conviendrait que difficilement à de nombreuses organisations, mais elle conviendra quand même à certaines d'entre elles. C'est une approche captivante qui mérite d'être explorée.

Codes éthiques

Un code éthique n'est pas exactement comme un code de conduite, et nécessite des règles de rédaction légèrement différentes.

Dans un code éthique, justifier une conduite à tenir est un devoir éthique. Prenons l'exemple du panneau 78.

Panneau 78

Les membres du conseil d'administration ont le devoir éthique de divulguer tout conflit d'intérêts potentiel.

Le rédacteur prend une décision stylistique au début du document : l'expression de ces quatre mots « a un devoir éthique » apparaîtra-t-elle tout au long du document, ou sera-t-elle raccourcie en « il doit » ou « il faudrait » ou quelque chose de similaire, comme dans le panneau 79

Panneau 79

Les membres du conseil d'administration doivent divulguer tout conflit d'intérêts potentiel.

Dans ces cas, lorsqu'il est clairement indiqué que le terme « doit » signifie « a un devoir éthique », les sous-entendus de ce mot évoqués dans les chapitres précédents sont moins prononcés. Le terme « doit » ici ne doit pas être entendu comme une relation parent-enfant ; il reflète plutôt le sérieux avec lequel l'organisme d'approbation s'intéresse aux préoccupations éthiques afin d'en déterminer les devoirs.

Certains rédacteurs préfèrent utiliser « il faudrait », comme dans le panneau 80.

Panneau 80

Il faudrait que les membres du conseil d'administration divulguent tout conflit d'intérêts potentiel.

Dans cette phrase, « il faudrait » signifie « ont un devoir éthique », et souligne le fait qu'il s'agit d'un devoir éthique plutôt que juridique. Les mêmes conseils concernant la clarté de l'interprétation s'appliquent ici.

Ma seule mise en garde concerne l'importance de la cohérence. Il n'y a rien de mal à utiliser « doit » ou « il faudrait » dans un code d'éthique pour remplacer « a un devoir éthique ». L'essentiel étant que à chaque fois que ces mots sont utilisés dans le document, ils gardent cette signification et non l'une des nombreuses autres significations décrites au chapitre 8.

Résumé

Un code de conduite est un appel à s'unir sous un même système de valeurs. Il n'inspire pas beaucoup de confiance lorsque ces valeurs prétendent incluire le respect et la courtoisie mais celles-ci ne sont pas perceptibles dans le style d'écriture.

Chapitre 11

LA STRUCTURE DU MODÈLE

Bien que les déclarations de politique constituent le cœur de vos instruments de politique, elles doivent être présentées correctement. Lorsque les informations qui précèdent et suivent le cœur du document sont standardisées pour votre organisation, il est plus facile de se repérer dans l'ensemble des politiques.

La présentation implique une série de composants, chacun d'entre eux étant abordé en détail dans ce chapitre.

Vous en trouverez des extraits dans l'exemple de politique de bureau propre à la fin du livre.

1. Titre

L'instrument de politique commence par un titre. Celui-ci doit être bref et agréable.

Tout est dit.

2. Le responsable de la politique

L'identité du responsable de la politique est le premier élément d'information qui apparaît après le titre. La légitimité de toute déclaration qui suit repose sur le fait que le responsable est compétent pour prendre ces décisions.

Même lorsque toutes les politiques d'une organisation ont le même responsable, il est toujours bon d'indiquer ce dernier en haut de chaque politique. À l'avenir, le responsable, qu'il s'agisse d'une personne, d'un comité ou d'une entité déléguée, pourrait changer, et vous voudrez être en mesure d'identifier avec certitude si l'instrument de politique a été approuvé par la nouvelle ou l'ancienne instance.

3. Dates

Dates importantes

Deux dates importantes figurent en haut du document de politique.

Date d'approbation

La première est la date d'approbation de l'instrument de politique par le responsable.

La présence de cette date sur le document est une exigence de tenue de dossier. Dans la mesure où le document de politique fait office de registre officiel des décisions qu'il contient, la date d'approbation est une donnée essentielle à des fins de preuve. L'identité du responsable et la date d'approbation représentent ensemble l'équivalent politique d'une signature et du fait de dater un courrier.

Date prévue pour la révision

La seconde est la date à laquelle l'instrument de politique doit être révisé.

Cette date de révision est l'équivalent de la date de péremption figurant sur un pot de cornichons. Les cornichons peuvent être encore consommés après cette date, mais vous savez qu'il faut inspecter le pot un peu plus attentivement.

Une date de révision est préférable à une date d'expiration, car elle ne vous prive pas d'une politique valide si vous ne la renouvelez pas à temps. La politique sera toujours en vigueur et les utilisateurs seront invités à faire preuve de prudence.

Une fois la politique révisée, si aucune modification du texte n'est nécessaire, le seul changement apporté au document consiste à fixer une nouvelle date d'échéance pour la révision.

Autres dates

Date de la dernière modification

La date de la dernière modification de la politique est un élément informatif important pour la gestion des documents, comme c'est le cas pour de nombreux types de documents. Le numéro de la version, sa date ou la date de la dernière modification peuvent figurer au même endroit que dans tous vos autres documents. Mais vous pouvez aussi choisir de les supprimer dans les versions finales.

Personnellement, je préfère que le numéro de version apparaisse tout le temps, et je pense que la façon la plus simple de gérer les versions est de :

+ Utiliser la date de la dernière modification comme numéro de version, par exemple, version 2020-08-24

+ Placer ce numéro de version dans un pied de page du document apparaissant sur chaque feuille.

Date d'entrée en vigueur

La date d'entrée en vigueur de la politique **ne fait pas partie du modèle**. Il s'agit d'une décision du responsable aussi importante que toute autre déclaration de politique. C'est pourquoi elle **figure au cœur du document**.

Par convention, dans les documents juridiques, la date d'entrée en vigueur apparaît normalement comme **la première ou la dernière déclaration** au cœur du document.

4. Objectif de la politique

Une simple déclaration introductive expose clairement l'objectif de la politique.

De longs préambules n'ont pas leur place dans l'instrument de politique. Utiliser l'ancienne pratique qui consiste à commencer une politique par une série de paragraphes introduits par « considérant que » indique aux yeux du monde que vous ne vivez pas avec votre temps.

L'objectif de la politique doit être facilement répété lors de son explication. Plus l'objectif est court et simple, plus il est facile à être retenu.

Distinguez l'objectif, qui doit figurer dans la politique, des informations contextuelles, qui ne doivent pas y figurer. S'il est nécessaire de fournir des informations générales au lecteur, vous pouvez les placer dans un document d'accompagnement ou dans les orientations. Presque toujours, les informations exprimées dans le contexte du moment ne seront plus de rigueur bien avant la politique elle-même.

Objectif de la politique et objectif du sujet

Il s'agit d'une distinction subtile mais importante.

L'objectif de la politique est une déclaration sur la raison pour laquelle vous produisez l'instrument de politique, et non sur la raison pour laquelle le sujet de l'instrument de politique est important.

L'objectif est la réalisation de l'instrument politique, et non pas ce que la conformité à la politique permet de réaliser.

La panneau 81 illustre des objectifs bien formulés.

Panneau 81

Cette politique standardise les règles de demande de remboursement des frais de déplacement.

Cette directive clarifie les pratiques relatives à la gestion des informations de l'entreprise.

Ces directives unifient les approches de la gestion des installations dans toutes les régions.

Ce document met à jour et consolide les politiques de sécurité de l'organisation.

Justification de la politique

Les objectifs de la politique n'ont pas besoin d'expliquer les motivations qui se trouvent derrière le désir de standardiser les règles ou de rendre les pratiques plus claires.

Au chapitre 2, nous avons noté que nous pouvions justifier nos règles dans d'autres documents, tels que les documents de stratégie, les comptes rendus et les pages de garde. L'explication des raisons qui motivent ce que vous faites doit figurer dans un document complémentaire, avec d'autres informations de base.

Chaque déclaration contenue dans le projet du document peut potentiellement servir de pierre d'achoppement à l'approbation, en cas d'objection sur la manière dont elle est formulée. Il arrive trop souvent qu'un projet de politique soit retardé inutilement : quelqu'un s'oppose à la formulation de la justification ou des informations contextuelles et refuse donc de l'approuver, bien qu'il soit en accord parfait avec toutes les déclarations de politique.

Vous pouvez éviter ce genre de problème en reprenant tous les paragraphes, justifiant ou légitimant, ce que vous faites et en les plaçant dans un document indépendant.

Objectifs circulaires

Le type d'objectif politique illustré dans le panneau 82 est courant, malgré son imprécision.

Panneau 82

Cette politique garantit que les finances de l'organisation soient gérées de manière responsable, prudente et correcte.

Cette déclaration est problématique pour deux raisons.

Premièrement, les règles ne garantissent rien. **Les personnes assurent les choses ; les règles fournissent une direction.**

Vous pourriez penser que cette dernière remarque est pointilleuse, mais la formulation de la déclaration reflète une approche de gestion qui s'avérera problématique pour l'organisation.

Elle est révélatrice d'une hypothèse commune selon laquelle l'approbation de la politique résout le problème, libérant ainsi la direction pour qu'elle se consacre à d'autres sujets. Le sous-entendu reflète l'approche selon laquelle « si les gens obéissaient simplement à ces règles, tout irait bien ».

Les règles établissent une ligne de démarcation comme dans le sable entre le bon et le mauvais côté. Les règles peuvent affirmer, déclarer, confirmer, clarifier, et ainsi de suite, mais elles ne sont pas en mesure de garantir quoi que ce soit.

En second lieu, et de manière plus significative, la logique est circulaire. Elle présuppose que la gestion des finances « de manière responsable, prudente et correcte » est une caractéristique fixée objectivement. Mais les activités préconisées dans les déclarations doivent être considérées comme « responsables, prudentes et correctes » uniquement parce qu'elles sont définies ainsi.

L'objectif du panneau 82 serait plus précis s'il était formulé comme celui du panneau 83.

Panneau 83

Cette politique définit les pratiques que nous considérons comme responsables, prudentes et correctes pour la gestion des finances de l'organisation.

Maintenir un sens de la mesure

J'ai vu trop de déclarations de politique comportant des objectifs irréalistes ou grandioses.

Il ne suffit pas qu'un objectif soit pompeux ; pour être crédible, il doit être fondé sur une causalité démontrable. Un objectif qui surestime son effet ne nous aide pas à comprendre ce que l'instrument de politique est censé faire.

Le panneau 84 présente quelques exemples de cette surestimation.

Panneau 84

Cette politique garantit le maintien de la confiance du public envers notre organisation.

Cette directive protège les consommateurs en soutenant l'engagement de l'entreprise envers sa propre intégrité et envers son service à la clientèle.

Cette norme garantit la protection, la sécurité et le bien-être de nos employés.

Si je ne me trompe pas, le terme technique pour des objectifs abstraits de cette nature est « du bla-bla ». Il peut s'agir d'objectifs nobles à atteindre, mais si la direction de l'organisation pense qu'elle a atteint ces objectifs uniquement en approuvant la politique, alors elle a clairement un problème beaucoup plus sérieux. En revanche, les objectifs plus ciblés énoncés dans le panneau 81 peuvent en fait être atteints en approuvant la politique.

Mettez la politique dans une perspective. Il est fort probable qu'elle ne soit qu'un élément d'une stratégie plus vaste visant à « garantir la confiance du public » ou tout autre objectif global. Dans ce cas, le rôle de l'instrument politique est d'énoncer les décisions politiques pertinentes pour la stratégie, et l'objectif de la politique devrait être de faire exactement cela.

Les déclarations de l'objectif politique seraient plus précises si elles étaient formulées sur le modèle de celles présentées dans le panneau 85.

Panneau 85

Cette politique harmonise les pratiques organisationnelles en ce qui concerne...

Cette directive consolide les règles relatives à ...

Cette norme établit les spécifications pour ...

Ce document rationalise les différences entre ...

---

5. Déclaration sur le champ d'application

Certaines politiques contiennent une déclaration définissant le champ d'application de certains de leurs aspects, par exemple, à qui ou dans quelles situations elles s'appliquent.

Les déclarations sur le champ d'application sont presque toujours inutiles, car

+ Le champ d'application de la politique est déjà limité par la compétence du responsable de la politique, et

+ Le champ d'application est tout aussi facilement défini par une déclaration de politique.

Prenons l'exemple de la déclaration sur le champ d'application du panneau 86.

Panneau 86

Cette politique s'applique aux clients desservis par la région Ouest.

Il existe deux situations possibles pour lesquelles vous pouvez être tenté de formuler la déclaration sur le champ d'application ci-dessus.

Situation N° 1 : L'autorité du responsable de la politique se limite à la région occidentale.

Dans ce cas, la déclaration est vraie, qu'elle soit incluse ou non, et elle peut donc être omise. Aucun gouvernement ne fait précéder une loi en utilisant la mention « elle ne s'applique qu'aux citoyens placés sous notre autorité », de la même manière, les règles du Monopoly® ne commencent pas par indiquer qu'elles ne s'appliquent pas aux autres jeux.

Situation N° 2 : Le responsable de la politique régit de nombreuses régions et ces règles ne s'appliquent qu'à celle occidentale.

Dans ce cas, le champ d'application peut être défini par une formulation claire dans la toute première déclaration de politique, comme montré par le panneau 87.

Panneau 87

1. La région occidentale est soumise aux règles suivantes :

En l'examinant sous un angle différent, on peut arriver aux mêmes conclusions. Dans la situation N° 1, la compétence du responsable de la politique est un fait. Les faits appartiennent aux documents d'orientation. Si vous voulez réaffirmer l'étendue ou les limites de la compétence du responsable, c'est dans les orientations qu'il faut le faire.

Dans la situation N° 2, le choix de limiter les règles à la région occidentale est une décision politique. Cette décision politique doit être placée avec les autres décisions politiques au cœur de la politique, et non dans le modèle qui lui est associé.

6. Autres versions

Lorsque l'instrument de politique est disponible dans un autre format, un autre emplacement ou une langue différente, des indications sur ces ressources peuvent figurer à la suite des déclarations de politique.

Il est rare, cependant, que vous ayez besoin de plusieurs versions de documents de politique. Il est beaucoup plus fréquent d'avoir plusieurs versions de documents d'orientation.

7. Demandes de renseignements

Un bon instrument de politique indique clairement à qui les personnes peuvent s'adresser lorsqu'elles ont des questions. Une déclaration comme celle du panneau 88 est sensée clôturer chaque document de politique

---

Panneau 88

Les demandes de renseignements concernant ce document doivent être adressées à…

La déclaration du panneau 89 est encore plus utile.

Panneau 89

Les demandes de renseignements sur ce document sont traitées par...

Il est préférable de compléter la phrase par le nom d'un poste ou d'un bureau plutôt que par celui d'une personne, afin que le document n'ait pas à être modifié lorsque la personne change de fonction.

Résumé

Une présentation structurée donne aux politiques une apparence uniforme et vous aide à éviter l'omission de détails de gestion essentiels. La standardisation de la structure avant toute initiative importante de rédaction ou de renouvellement de la politique permettra de gagner du temps sur le long terme.

Chapitre 12

CONSEILS POUR LA RÉDACTION

Il va de soi que les politiques doivent être rédigées avec soin. Mais trop souvent, les rédacteurs empruntent le langage d'autres documents en pensant que c'est une méthode sûre. Cela peut être vrai que si ces autres documents ont été rédigés correctement.

Les instruments de politique sont une catégorie spéciale de documents commerciaux et leur lecture est plus efficace si elle utilise une formulation claire, succincte et respectueuse. À l'instar d'autres documents commerciaux bien rédigés, ils sont neutres par rapport au genre, dépourvus de stéréotypes ethniques et raciaux, et ne contiennent ni blasphème ni termes désobligeants.

Voici quelques techniques linguistiques qui vous aideront à y parvenir.

1. Terminologie standard

On vous a peut-être appris qu'un bon style de rédaction en français exige que vous tiriez parti de l'énorme vocabulaire de cette langue. Varier vos expressions tout au long du texte vous aiderait à maintenir la nouveauté et l'intérêt.

Cette règle de style ne s'applique pas aux instruments de politique. Les instruments de politique ne sont pas censés être de la littérature et l'utilisation de synonymes devient source de confusion.

La clarté est l'objectif premier de tous vos choix rédactionnels. Utiliser des mots différents dans un instrument de politique pour décrire le même contenu, même lorsque ces mots sont universellement utilisés comme synonymes, est aussi déroutant que de s'adresser à un ami de manière différente lors d'une même conversation.

Regardez l'exemple du panneau 90. Il est mal écrit, alors ne gaspillez pas votre temps à essayer de le comprendre.

Panneau 90

> À chaque fois qu'un collaborateur consulte le dossier personnel d'un autre employé, ledit membre du staff note la date et le nom de la personne.

Hormis le fait que la phrase est grammaticalement peu claire, quatre termes différents sont utilisés pour désigner moins de quatre personnes. La dernière chose que vous souhaitez, c'est que vos lecteurs se démènent pour essayer de comprendre si vous parlez d'un seul ou de plusieurs sujets.

Créez un lexique spécifique pour le rédacteur

Une terminologie standardisée est plus claire lorsqu'elle est cohérente dans tous les instruments.

Une bonne manière de procéder consiste à créer **un lexique à l'échelle de l'entreprise**, dans lequel sont définis les concepts que vous souhaitez standardiser, ainsi que les termes que vous préférez utiliser à cet égard. Il se peut qu'à l'avenir, vous reproduisiez ces termes dans un glossaire pour les transmettre aux autres, mais au stade de la rédaction, votre seul objectif est de maintenir la cohérence de la terminologie.

2. Définitions et interprétation

De nombreuses organisations font barrage sur ce sujet. Les intervenants se disputent pour savoir s'il vaut mieux utiliser les définitions des dictionnaires dans la politique ou rédiger les leurs. Ils se posent la question de savoir si les définitions sont précises et si elles doivent l'être. Ils discutent entre eux pour savoir si les définitions choisies doivent figurer dans la politique ou ailleurs.

Tous ces débats nous éloignent complètement du sujet. Ils nous empêchent de nous concentrer sur le choix de la meilleure règle à appliquer ; au lieu de cela, nous nous disputons sur ce qui constitue la bonne définition.

À mon avis, le problème est que nous utilisons à tort le terme « définition ». Je préfère employer le terme « **interprétation** ». Un certain nombre de gouvernements utilisent également et systématiquement le terme « interprétation » dans leurs lois et leurs règlements.

Le terme « interprétation » présente un certain avantage : il réduit la quantité d'informations que nous devons fournir sur un terme. Il est beaucoup plus facile pour la plupart d'entre nous de compléter le sens d'un mot que de rédiger une définition complète, nous permettant ainsi de laisser la rédaction de véritables définitions aux dictionnaires.

Dans le cadre d'une disposition d' « interprétation », vous pouvez insérer des déclarations telles que celles figurant dans le panneau 91.

Panneau 91

Dans cette politique,

(a) Le terme « clients actuels » désigne les clients qui ont effectué un achat au cours des cinq dernières années.

(b) Le terme « employés » inclut les travailleurs contractuels

(c) La famille des « éricacées » comprend les monotropoïdées et les styphélioïdées mais pas les cassiopoïdées

(d) Le terme « bureaux principaux » exclut les bureaux de la région du sud-est

(e) Celui de « informations personnelles » doit être appliqué conformément aux lois locales applicables en matière de protection de la vie privée

---

Comme vous pouvez le constater, ces déclarations ne prétendent pas être des définitions. Elles nous aident plutôt à comprendre la façon dont le terme est utilisé dans le document.

Si vous avez eu du mal à comprendre l'alinéa (c) de ce dernier exemple, vous n'êtes pas le seul, je ne le comprends pas non plus, et alors ? **Le but de la déclaration d'interprétation n'est pas de nous en apprendre davantage sur le sujet ; mais plutôt de nous permettre de découvrir de quelle manière les rédacteurs ont voulu utiliser le terme.**

Si l'objectif d'une déclaration d'interprétation est d'aider les non-experts à comprendre un terme, alors cette déclaration doit figurer dans les documents d'orientation.

Risque de confusion

Même si vous pensez être utile en expliquant un terme aux non-experts dans la déclaration de politique générale, cela peut créer des ambiguïtés.

Prenez l'expression « y compris les droits de douane » dans le panneau 92.

Panneau 92

Nous remboursons les frais de voyage, y compris les droits de douane, lorsque les demandes sont accompagnées des reçus originaux.

Cette déclaration signifie-t-elle que :

(a) Les droits de douane sont considérés comme des frais de voyage

(b) Sont-ils considérés plutôt comme des frais distincts mais remboursés en même temps que les frais de déplacement ?

Si la réponse (a) est vraie et que les droits de douane sont effectivement considérés par les experts comme des frais de voyage, alors la déclaration correcte se trouve dans le panneau 93.

Panneau 93

Nous remboursons les frais de voyage lorsqu'ils sont accompagnés des reçus originaux.

Les experts comprennent ce que cela implique, et les documents d'orientation peuvent l'expliquer aux autres.

En revanche, si le point (b) est vrai, l'utilisation d'une des déclarations du panneau 94 apporte plus de clarté.

Panneau 94

Nous remboursons les frais de voyage et les droits de douane lorsque les demandes sont accompagnées des reçus originaux.

Nous remboursons les frais de voyage lorsque les demandes sont accompagnées des reçus originaux. Dans cette disposition, les « frais de voyage » comprennent les droits de douane.

Définitions au-delà de la compétence

Dans certains cas, le responsable de la politique n'a pas la compétence nécessaire pour établir la définition d'un mot ou d'un concept en particulier. Une déclaration de politique visant à fixer cette dimension est inefficace.

Je rencontre souvent ce type d'excès dans les politiques universitaires et d'entreprise concernant la violence ou le harcèlement sexuel. Il est courant de voir la politique contenir une définition du harcèlement ou de la violence sexuelle. C'est courant, mais inutile.

Dans la plupart des pays industrialisés, nous avons la chance d'avoir des lois contre le harcèlement sexuel. Ces lois remplacent toute définition faite par votre organisation, aussi bien intentionnée soit-elle.

Le « harcèlement sexuel » est défini par la loi et par votre Cour suprême ; pas par votre politique. **Si votre définition**

diffère de celle des tribunaux, vous perdrez ce défi à tous les coups. Il en va de même pour tout concept pour lequel vous devez vous en remettre à la définition légale, par exemple, en ce qui concerne une violation du droit d'auteur, un vol, la divulgation d'informations privées, etc.

Il peut être utile d'inclure ce type de définitions dans vos orientations pour le bénéfice de tous. Les placer dans une politique pour les faire approuver par un conseil d'administration est une perte de temps.

3. Formulation superflue

Pour être plus précis, éliminez les mots inutiles. Voici quelques exemples des plus rependus.

« Tout »

Le mot « tout » peut généralement être éliminé de la plupart des déclarations de politique, car il ajoute rarement quelque chose à la signification d'une règle.

Dans le panneaux 95, la déclaration B ne nous dit en fait rien de plus que la déclaration A.

Panneau 95

(A) Les cadres signalent les accidents au bureau de la santé et de la sécurité au travail dans les sept jours.

(B) Les responsables signalent tous les accidents au bureau de la santé et de la sécurité au travail dans les sept jours.

Comme nous l'avons vu au chapitre 6, la présence de « tout » dans l'exemple ci-dessus suggère soit (1) qu'il y a eu des problèmes de non-conformité, soit (2) que quelqu'un craint qu'il y en ait à l'avenir. À moins que votre objectif ne soit d'alerter le monde entier sur vos problèmes de non-conformité, vous pouvez sans risque laisser tomber le mot « tout » sans affecter le sens de la règle.

Voici d'autres mots à consonance forte qui ajoutent rarement du sens à une règle, si ce n'est la confirmation de problèmes passés :

+ Absolument
+ Toujours
+ À tout moment
+ Chaque

+ Sans faute
+ Jamais
+ En aucun cas
+ Strictement

Il est facile de vérifier leur caractère superflu Si une déclaration utilise l'un de ces mots, omettez-le pour voir si la sens de la phrase change vraiment.

4. Et et/ou Ou

On ne peut pas quitter la question des mots superflus, sans déplorer l'utilisation trop fréquente de la conjonction sans signification « et/ou ».

« Et/ou » est la tête d'affiche de l'écriture ambiguë.

Dans le passé, j'ai essayé d'être plus compréhensif. Lorsque je rencontrais cet oxymore, j'imaginais un pauvre écrivain commençant par « ou », puis le rayant et le remplaçant par « et », puis revenant à « ou ». L'auteur murmurerait ensuite la phrase plusieurs fois en alternant entre « et » et « ou ». Il essayait désespérément de trancher entre les deux, mais terminait par abandonner et griffonnait « et/ou ».

Aujourd'hui, je sais qu'il ne faut pas croire que c'était un accident. Même certains bons écrivains, c'est-à-dire ceux que l'on s'attendrait à connaître le mieux utilisent « et/ou » comme s'il s'agissait d'une sorte d'ensemble.

Les règles sont vraiment très simples. « et » signifie « les deux (ou tous) sont nécessaires », comme dans la panneau 96.

Panneau 96

Les couleurs officielles de l'entreprise sont le rouge, le vert et le bleu.

« ou » signifie « un seul est nécessaire », comme dans le panneau 97.

Panneau 97

Les véhicules de l'entreprise sont peints en rouge, vert ou bleu.

Si vous souhaitez proposer des alternatives en proposant une combinaison des deux options, faites-le, comme dans l'exemple du panneau 98.

Panneau 98

Les emballages des produits de l'entreprise sont de couleur verte, bleue ou les deux.

Les emballages des produits de l'entreprise sont de couleur rouge, verte ou bleue, ou toute combinaison de ces couleurs.

Les emballages des produits de l'entreprise sont colorés en rouge, vert ou bleu, seuls ou en combinaison.

Les emballages des produits de l'entreprise sont colorés en utilisant une ou plusieurs des couleurs suivantes : rouge, vert et bleu.

Dans la rédaction d'une politique, la clarté signifie l'absence d'ambiguïté. Les exemples recommandés utilisent peut-être plus de mots, mais ils sont sans ambiguïté.

5. Rôles et responsabilités

Les mots « rôles et responsabilités » sont souvent prononcés ensemble. Ce sont deux mots qui se trouvent souvent ensemble mais dont la signification est bien différente.

Un **rôle** est la fonction exercée par un individu ou un groupe dans une situation spécifique. Un rôle n'a pas de signification s'il n'est pas rattaché à des responsabilités ; il prend tout son sens lorsque l'on connaît son utilité.

Par exemple, un rôle courant dans une réunion formelle est celui de président de réunion. Le rôle de président de réunion ne prend tout son sens que lorsque nous connaissons les responsabilités qu'il implique. Un rôle peut se voir attribuer un nombre illimité de responsabilités.

Une **responsabilité** est une action ou un devoir. Elle peut être attribuée à un rôle, mais aussi à :

+ Une personne désignée

+ Un poste de travail

+ Un groupe

Des déclarations attribuant des responsabilités à diverses entités apparaissent dans le panneau 99.

Panneau 99

La secrétaire vérifie les présences lors des réunions du conseil d'administration. *(Attribué à un rôle)*

Marie Wong vérifie les présences lors des réunions du conseil d'administration. *(Attribué à une personne)*

L'assistant présent le plus ancien vérifie les présences lors des réunions du conseil. *(Attribué à un poste)*

Le comité d'adhésion vérifie les présences lors des réunions du conseil d'administration. *(Attribué à un groupe)*

Quand faut-il rédiger une déclaration des rôles et responsabilités ?

Les décisions relatives aux rôles et aux responsabilités sont des décisions de politique et, en tant que telles, elles doivent figurer dans un document de ce type. Toutefois, cela ne signifie pas que chaque politique doit inclure des déclarations sur les rôles et les responsabilités.

Prenons l'exemple de la déclaration du panneau 100.

Panneau 100

La direction des finances est chargée de contrôler les dépenses liées à cette politique.

Il est facile de répondre à la question de savoir si cette déclaration doit figurer dans votre politique. Il suffit de revenir à la **distinction fondamentale entre les documents qui établissent des règles et ceux qui les réaffirment.**

Si, en vertu d'un instrument de politique, d'une charte ou d'une délégation existante, la direction des finances est déjà responsable du suivi des dépenses, alors la déclaration est superflue. Ne vous y intéressez pas !

En revanche, si la déclaration introduit une toute nouvelle responsabilité pour la direction des finances, elle représente une décision et doit figurer dans la politique.

« Être responsable de »

L'expression « être responsable de » est souvent mal utilisée. Quand elle est correctement employée, cette expression attribue la responsabilité d'une activité à une personne, mais cette attribution n'impose pas l'activité elle-même.

Prenons l'exemple de la déclaration du panneau 101.

Panneau 101

Les opérateurs sont responsables des rapports de résultats trimestriels.

Prise au pied de la lettre, cette déclaration signifie que la responsabilité des rapports trimestriels sur les bénéfices incombe aux opérateurs. En d'autres termes, il s'agit en fait d'une abréviation de « Les opérateurs sont **tenus responsables** de ... », ce dont nous sommes certains. Toute autre interprétation que nous donnons à cette déclaration reste une conjecture.

Tout comme l'ambiguïté créée par le mot « doit », cette déclaration pourrait avoir le sens des affirmations suivantes :

- ✦ Les opérateurs sont autorisés à produire les rapports.
- ✦ Les opérateurs sont tenus de produire les rapports.
- ✦ Les opérateurs sont tenus d'approuver les rapports.
- ✦ Les opérateurs sont tenus de contribuer à produire les rapports.
- ✦ Les opérateurs sont responsables de la vérification de l'exactitude du contenu.
- ✦ Les opérateurs ne doivent rien faire pour les rapports, mais si nous avons des problèmes, c'est contre eux que nous allons nous plaindre.

Une déclaration de politique nous indique comment gérer notre organisation. Attribuer la responsabilité d'une activité à un rôle peut être une partie importante de notre façon de faire les choses, mais il faut tenir compte qu'il ne s'agit justement que de ça : d'une attribution de responsabilité. Elle peut impliquer d'autres informations sur notre mode de fonctionnement, mais elle ne les expose certainement pas sans ambiguïté.

La nécessité de clarté impose que la formulation la plus simple soit la meilleure. Pour rédiger une déclaration de politique indiquant que les opérateurs produisent effectivement des rapports, il vous suffit d'utiliser la déclaration du panneau 102.

Panneau 102

Les opérateurs produisent des rapports d'activité trimestriels.

C'est aussi simple que cela.

Résumé

Nous rassurons souvent les autres en leur disant que ce que nous avons écrit n'est pas gravé dans la pierre. C'est peut-être vrai, mais nous nous retrouvons à traiter certaines affirmations comme si elles étaient sacro-saintes.

Corrigeons cela. Identifions ce qui est dépassé dans notre manière d'écrire, enlevons-le et plaçons-le dans un musée de la Préhistoire, où il aura toute sa place. Nous pourrons alors le remplacer par quelque chose de plus approprié.

POST-SCRIPTUM

Comme le dit Carol Ring dans l'avant-propos de cette édition « Il n'y a pas de quoi être fier d'avoir un règlement intérieur d'entreprise bien épais ». En général, c'est le signe d'un environnement trop réglementé et micro-géré.

Néanmoins, le besoin d'avoir des règles existera encore longtemps, tout comme la nécessité de les réviser avec diligence.

L'un des défis consiste à trouver le bon équilibre entre contrôler les comportements en établissant de règles et en mettant en place de bonnes pratiques de leadership. Les organisations fondées sur des structures autoritaires et directives se sont révélées être des environnements plus toxiques et moins productifs que celles qui fonctionnent dans une culture d'entreprise positive et collaborative.

Pour compliquer les choses, l'influence des jeunes ne cessera de croître à mesure qu'ils constitueront une part plus importante de la main-d'œuvre. Ils ne tolèrent pas qu'on leur manque de respect et ils réagissent comme jamais leurs parents n'auraient osé le faire. Les valeurs de nos jeunes vont entrainer des changements dans notre manière de nous engager auprès des employés et des clients, et ces changements devront se répercuter dans nos instruments de politique.

Nous avons vu comment le langage évolue avec le temps. Une formulation autrefois considérée comme polie peut devenir désuète et rigide avant même que nous nous en rendions compte. Il est encore plus difficile de choisir une bonne formulation lorsqu'il s'agit de trouver le bon équilibre entre le langage formel et le langage décontracté, car ces facteurs varient selon le secteur d'activités et l'emplacement géographique.

Pour toutes ces raisons, nous devons être prêts à réexaminer régulièrement nos instruments de politiques, en vérifiant que leur contenu corresponde toujours à la teneur, à l'idiome et au ton de l'entreprise.

Ce livre, lui aussi, sera un jour ou l'autre dépassé. Si cela devait arriver, veuillez prendre les conseils donnés avec beaucoup de précautions, en vous rappelant le contexte de l'époque où il a été écrit.

Nous savons qu'il y a une chose qui ne changera pas : la courtoisie et le respect car ils ne passent jamais de mode.

POLITIQUE DE BUREAU PROPRE (EXEMPLE)

Approuvé par : Vice-Président, Affaires générales
le 1er mars 2020
Date de la prochaine révision : Mars 2024

Cette politique clarifie les exigences relatives à la propreté et à la sécurité des bureaux.

Interprétation

1. Dans cette politique,

   + Le terme « employés » comprend aussi les entrepreneurs et les étudiants

   + Le terme « superviseur » détermine la source principale de contact pour un entrepreneur.

Exigences

2. Les employés ont le droit de quitter le poste de travail en fin de journée lorsque leur espace de travail est conforme à la norme N° 7 (norme relative aux bureaux propres).

3. La responsabilité d'expliquer la norme N° 7 aux employés incombe aux superviseurs.

4. Le directeur de la sécurité a le pouvoir d'accorder des dérogations à cette politique pour une période maximale d'une semaine.

5. Le comité des installations générales est autorisé à modifier la norme N° 7 s'il le juge approprié. Les modifications prennent effet dans les 10 jours ouvrables suivant leur publication.

6. (a) Après le départ d'un employé pour la journée, les agents de sécurité ont le pouvoir de récupérer dans l'espace de travail de l'employé tout document encore en évidence.

(b) Le directeur de la sécurité est autorisé à établir une procédure pour la récupération de ces documents par l'employé du service compétent.

7. La présente politique entre en vigueur immédiatement.

Demandes de renseignements

Les demandes de renseignements relatives à cette politique sont traitées par le bureau de la sécurité.

D'autres versions

Ce document est disponible en langue anglaise sous le titre « Policy on Clean Desks ».

Dernière modification le 24 février 2017
Intranet/politiques/cleandesk.html

NORME N° 7 - NORME RELATIVE AUX BUREAUX PROPRES (EXEMPLE)

Approuvé par : Comité des installations générales
le 1er mars 2017
Date de la prochaine révision : Mars 2025

Interprétation :

1. Dans la présente norme, les « denrées alimentaires » ne comprennent ni les boissons en canettes ni celles en bouteille.

Spécificités

2. Une zone de travail est considérée comme propre lorsqu'elle répond aux conditions suivantes :

- ✦ Les informations confidentielles sur papier sont stockées dans des placards.
- ✦ Les placards et les tiroirs sont verrouillés.
- ✦ Les ordinateurs, les périphériques et les appareils mobiles sont éteints.
- ✦ Les denrées alimentaires sont stockées dans des récipients hermétiques.
- ✦ L'espace au sol est dégagé de tout carton ou sac.
- ✦ Les lumières du bureau sont éteintes.
- ✦ Le panneau indiquant « Il n'y a personne à ce bureau » est affiché.

Demandes de renseignements

Cette norme est gérée par le bureau des installations.

Dernière modification le 24 février 2017
Intranet/normes/cleandesk.pdf

D'AUTRES PUBLICATIONS DE CET AUTEUR

Unlocking the Golden Handcuffs: Leaving the Public Service for Work You Really Love

These Words Go Together, a reference guide to well-formed phrases in contemporary business English, 4e Edition

The Canadian Lawyer's Internet Guide, 4e Edition

Technology in Practice, A guide to managing computers in the law office, 2e Edition

À PROPOS DE L'AUTEUR

LEWIS EISEN

À travers des ateliers et des conférences, Lewis montre aux organisations comment résoudre les difficultés liées à la rédaction de politiques Il forme les participants à la rédaction de documents plus clairs, plus succincts et plus respectueux.

Lewis apporte son savoir-faire à cette discipline. Il a obtenu un diplôme en droit à l'Université de Toronto, ville dans laquelle il a par la suite exercé la profession d'avocat pendant quelques années.

En 1986, il s'est orienté vers la gestion de technologies pour des cabinets d'avocats, un domaine qui en était encore à ses débuts à l'époque. Il a travaillé avec de nombreux organismes à but lucratif et non lucratif, acquérant ainsi une vaste expérience dans la fonction de soutien aux entreprises.

Il a travaillé pendant 17 ans pour le gouvernement du Canada, se spécialisant en même temps et cela pendant plusieurs années dans le développement de politiques administratives, principalement pour la fonction de soutien de la gestion de l'information. Il a écrit plusieurs livres et des dizaines d'articles pour des revues et des journaux, et donne fréquemment des conférences à travers les États-Unis et le Canada.

Il est un fervent adepte du fitness et du jardinage et vit actuellement à Ottawa, au Canada.

www.ingramcontent.com/pod-product-compliance
Lightning Source LLC
Chambersburg PA
CBHW071225210326
41597CB00016B/1948